KLASSIKER
DR. OETKER
VERLAG
SEIT 1891

ZUPFBROTE

MODERNES
BACKEN

DIE DR. OETKER GELING-GARANTIE

UNSER VERSPRECHEN

Liebe Leserin, lieber Leser,

mit den Rezepten in unseren Koch- und Backbüchern möchten wir Sie und Ihre Lieben glücklich machen. Zum Glück braucht es den Erfolg, und den kaufen Sie mit jedem Dr. Oetker Buch gleich mit.

Dafür gibt es die *Dr. Oetker Geling-Garantie*. Sie ist unser Versprechen, dass alle Rezepte aus diesem Buch ganz einfach und sicher gelingen. Die Geling-Garantie startet schon bei der Zutatenliste: alle Zutaten, die wir verwenden, sollten Sie leicht in Ihrem Supermarkt vor Ort einkaufen können. Jeder Zubereitungs-Schritt ist klar und einfach nachvollziehbar.

Eine Garantie können wir Ihnen aber auch deshalb mit gutem Gewissen geben, weil alle Rezepte dieses Buches von unserem erfahrenen Team entwickelt wurden. Anschließend haben wir jedes Gericht in einer ganz normalen Küche nachgekocht oder nachgebacken. Immer wieder. So lange, bis wir uns sicher waren, dass es gelingt. Und zwar auch bei Ihnen zu Hause.

Was wir versprechen, halten wir auch. Sollte beim Kochen oder Backen eines unserer Rezepte dennoch etwas daneben gehen oder Ihnen einfach nicht schmecken, dann lassen Sie es uns wissen. Schreiben Sie oder rufen Sie uns an! Wir werden das Rezept nochmals kritisch prüfen und Ihnen helfen, herauszufinden, woran es gelegen haben könnte. Sie erreichen uns über die Dr. Oetker Service-Hotline unter: 00800-71727374, Mo–Fr 8:00–18:00 Uhr sowie Sa 9:00–15:00 Uhr. Oder schreiben Sie uns eine E-Mail unter: redaktion-oetker@zsverlag.de

Natürlich freuen wir uns aber auch über weitere Rückmeldungen und auch über Lob. Ihre Ideen, Kommentare und Fragen können Sie jederzeit auch über Facebook posten: www.facebook.com/Dr.OetkerVerlag. Wir sind für Sie da. Garantiert.

Mit herzlichen Grüßen
Ihre Dr. Oetker Redaktion

ALLGEMEINE HINWEISE ZU DEN REZEPTEN

Lesen Sie vor der Zubereitung – besser noch vor dem Einkauf – das Rezept einfach einmal vollständig durch. Aus dem Zusammenhang werden die Zubereitungs-Schritte deutlicher und verständlicher.

ZUTATENLISTE

Die Zutaten sind in der Reihenfolge ihrer Verarbeitung aufgeführt.

ARBEITSSCHRITTE

Jeder Arbeitsschritt ist einzeln hervorgehoben und extra nummeriert. So haben wir die Rezepte für Sie auch entwickelt und ausprobiert.

ZUBEREITUNGSZEIT UND GARZEIT

Die angegebene Zubereitungszeit schließt die Dauer der Vorbereitung und die eigentliche Zubereitung mit ein. Sie ist ein Anhaltswert und kann je nach individuellem Geschick oder Übung natürlich ein wenig variieren. Längere Wartezeiten, wie zum Beispiel Kühl- oder Abkühlzeiten oder auch Auftauzeit sind in der Regel nicht in der Zubereitungszeit enthalten. Einzige Ausnahme: In dieser Zeit sind parallel andere Arbeitsschritte zu tun.

BACKOFENEINSTELLUNG UND BACKZEITEN

Die in den Rezepten angegebenen Backtemperaturen und Backzeiten sind Richtwerte, die je nach individueller Hitzeleistung Ihres Backofens über- oder unterschritten werden können. Machen Sie nach Beendigung der angegebenen Backzeit eine Garprobe.
Die Temperaturangaben in diesem Buch beziehen sich auf Elektrobacköfen. Die Temperatur-Einstellungsmöglichkeiten für Gasbacköfen variieren je nach Hersteller, sodass wir keine allgemeingültigen Angaben machen können. Bitte beachten Sie deshalb bei der Einstellung des Backofens die Gebrauchsanleitung des Herstellers. Ein Backofenthermometer eignet sich dabei gut, um die Backofentemperatur im Blick zu haben.

HINWEISE ZU DEN NÄHRWERTEN

Bei den Nährwertangaben in den Rezepten handelt es sich um auf- bzw. abgerundete ganze Werte. Aufgrund von ständigen Rohstoffschwankungen und/oder Rezepturveränderungen bei Lebensmitteln kann es zu Abweichungen kommen. Die Nährwertangaben dienen daher lediglich Ihrer Orientierung und eignen sich nur bedingt für die Berechnung eines Diätplans

ABKÜRZUNGEN UND SYMBOLE

EL	Esslöffel
TL	Teelöffel
Msp.	Messerspitze
Pck.	Packung/Päckchen
g	Gramm
kg	Kilogramm
ml	Milliliter
l	Liter
evtl.	eventuell
geh.	gehäuft
gem.	gemahlen
ger.	gerieben
gestr.	gestrichen
TK	Tiefkühlprodukt
°C	Grad Celsius

KALORIEN-/NÄHRWERTANGABEN

E	Eiweiß
F	Fett
Kh	Kohlenhydrate
kcal	Kilokalorien

SYMBOLE

◔	Zubereitungs-/Garzeit
⊕	Vegetarisch/Laktosefrei/Vegan
◉	Mit Alkohol
🔔	Anzahl/Küchengerät

50 Minuten, ohne Abkühlzeit
Ruhe-/Teiggehzeit: etwa 4 Stunden
Backzeit: etwa 45 Minuten

Zutaten für 15 Stück

Pro Stück:
E: 7 g, F: 14 g, Kh: 26 g, kcal: 255

ZWIEBEL-ZUPFBROT

FÜR DEN BUTTERMILCHTEIG:
300 g Weizenmehl
200 g Vollkornweizenmehl
1 gestr. TL Salz
½ Würfel frische Hefe
370 g Buttermilch
180 g Butter (zimmerwarm)

FÜR DIE FÜLLUNG:
300 g Zwiebeln
2 EL Rapsöl
3 EL Petersilienblättchen
Zucker
1 TL Paprikapulver edelsüß
80 g mittelalter Gouda, im Stück
3 EL mittelscharfer Senf

ZUSÄTZLICH:
2 EL Weizenmehl

1. Für den Teig beide Mehlsorten und Salz in eine Rührschüssel geben. Hefe hineinbröseln und gut untermischen. Buttermilch und die Butter hinzugeben. Die Zutaten mit einem Mixer (Knethaken) zunächst kurz auf niedrigster, dann auf höchster Stufe in etwa 1 Minute zu einem glatten Teig verkneten. Den Teig mit Frischhaltefolie zugedeckt etwa 2 Stunden an einem warmen Ort gehen lassen.

2. Für die Füllung in der Zwischenzeit die Zwiebeln abziehen und in feine Scheiben schneiden oder hobeln. Rapsöl in einer Pfanne erhitzen. Die Zwiebelscheiben darin unter Rühren braun anbraten. Petersilienblättchen abspülen, trocken tupfen, grob zerschneiden und unter die Zwiebelscheiben rühren. Mit Salz, Zucker und Paprika würzen, abkühlen lassen. Den Käse grob raspeln.

3. Den gegangenen Teig mit Mehl bestäuben, aus der Schüssel nehmen und auf einer bemehlten Arbeitsfläche zu einem Rechteck (etwa 30 x 50 cm) ausrollen. Teigrechteck dünn mit Senf bestreichen und anschließend in etwa 10 x 10 cm große Quadrate schneiden. Die Zwiebel-Petersilien-Masse und drei Viertel des geraspelten Käses darauf verteilen.

4. Jeweils 4–5 Teigquadrate aufeinanderlegen und hochkant in eine Kastenform (25 x 11 cm, mit Backpapier ausgelegt) setzen. Die restlichen Teigquadrate so daranlegen, dass sie eingeschichtet sind. Mit dem restlichen Käse bestreuen. Den Teig zugedeckt mindestens 2 Stunden an einem warmen Ort gehen lassen.

5. Den Backofen kurz vor Ende der Teiggehzeit vorheizen.
Ober-/Unterhitze: etwa 180 °C
Heißluft: etwa 160 °C

6. Die Form auf dem Rost in den vorgeheizten Backofen schieben. Das Zupfbrot **etwa 45 Minuten goldbraun backen.**

7. Die Form auf einen Kuchenrost stellen. Das Zupfbrot etwa 10 Minuten abkühlen lassen. Dann aus der Form lösen, auf eine Platte legen und warm servieren.

TIPP

Statt der frischen Zwiebeln kann man auch 1 Beutel Instant-Zwiebelsuppe auf die Teigquadrate streuen und diese wie beschrieben aufschichten.

50 Minuten, ohne Abkühlzeit
Teiggeh-/Ruhezeit: etwa 5 Stunden
Backzeit: etwa 45 Minuten

Zutaten für 10 Portionen

Pro Portion:
E: 10 g, F: 28 g, Kh: 39 g, kcal: 447

BACON-VOLLKORN-PLUNDER-ZUPFBROT

FÜR DEN PLUNDER-BUTTERMILCH-TEIG:

½ Würfel frische Hefe
350 g Buttermilch
400 g Dinkelmehl (Type 630)
100 g Roggenmehl (Type 1150)
1 gestr. TL Salz
180 g Butter (zimmerwarm)
30 g Dinkelmehl zum Bestäuben

FÜR DIE FÜLLUNG:

4 Zwiebeln
100 g Bacon in Scheiben
25 Salbeiblätter
Salz, Zucker
150 g Crème fraîche, gem. Pfeffer

1 TL Butter (zimmerwarm)
Fleur de Sel

ZUSÄTZLICH:

1 Bogen Backpapier
1 Springformrand (Ø 26 cm)

1. Für den Teig Hefe in eine Rührschüssel bröseln. Buttermilch in einem Topf handwarm erwärmen und mit der zerbröselten Hefe verrühren. Dinkel-, Roggenmehl und Salz hinzugeben. Die Zutaten mit einem Mixer (Knethaken) zunächst kurz auf niedrigster, dann auf höchster Stufe in etwa 2 Minuten zu einem Teig verkneten. Die Schüssel mit Frischhaltefolie bedecken und an einem warmen Ort etwa 2 Stunden gehen lassen.

2. Den gegangenen Teig aus der Schüssel nehmen und auf einer bemehlten Arbeitsfläche zu einem Rechteck (etwa 30 x 50 cm) ausrollen. Die zimmerwarme Butter gleichmäßig auf den Teig streichen. Den Teig von der schmalen Seite aus aufrollen und in Frischhaltefolie gewickelt mindestens 1 Stunde in den Kühlschrank legen.

3. In der Zwischenzeit für die Füllung Zwiebeln abziehen und in feine Scheiben schneiden. Eine Pfanne erhitzen. Die Baconscheiben darin nacheinander so lange braten, bis sie braun sind. Dann herausnehmen und auf einem Teller abkühlen lassen. Salbeiblätter abspülen und trocken tupfen. 5 Salbeiblätter beiseitelegen. Die restlichen Salbeiblätter in dem verbliebenen Bratfett kurz anbraten. Die Zwiebelscheiben hinzugeben und kurz mit anbraten. Mit Salz und 1 Prise Zucker würzen, abkühlen lassen.

4. Einen Bogen Backpapier auf den Springformboden (Ø 26 cm) legen. Einen Springformrand leicht mit Butter bestreichen und darum festziehen. Die Teigrolle aus der Folie wickeln, mit Mehl bestäuben und auf die Arbeitsfläche legen. Den Teig mit den Händen flach drücken und anschließend zu einem Rechteck (etwa 50 x 30 cm) ausrollen. Den Teig dünn mit Crème fraîche bestreichen und leicht mit Salz und Pfeffer bestreuen. Die Zwiebelscheiben und 20 Salbeiblätter auf die untere Hälfte des Teiges legen. Die nicht belegte Teighälfte auf die Füllung klappen (15 x 50 cm) und leicht fest andrücken.

5. Den gefüllten Teig in etwa 5 cm breite Streifen (etwa 15 x 5 cm) schneiden. Streifen zweimal verdrehen und in die Springform legen. Den nächsten Teigstreifen verdrehen und anlegen. Fortfahren, bis die Streifen kreisförmig in der Form liegen. Die Baconscheiben zwischen die Teigstreifen legen. Mit den beiseitegelegten Salbeiblättern belegen. Den Teig zugedeckt mindestens 2 Stunden an einen warmen Ort gehen lassen.

6. Backofen kurz vor Ende der Teiggehzeit vorheizen.
Ober-/Unterhitze: etwa 180 °C
Heißluft: etwa 160 °C

7. Die Springform in den vorgeheizten Backofen (mittlere Schiene) schieben. Das Zupfbrot **etwa 45 Minuten backen**. Die Springform auf einen Kuchenrost stellen. Das Zupfbrot etwa 10 Minuten abkühlen lassen, dann aus der Form lösen und warm servieren.

30 Minuten, ohne Abkühlzeit
Ruhe-/Teiggehzeit:
etwa 5 Stunden und 15 Minuten
Backzeit: etwa 35 Minuten
Vegan

Zutaten für 15 Stück

Pro Stück:
E: 3 g, F: 7 g, Kh: 18 g, kcal: 150

SESAM-ZUPFBROT

FÜR DEN HEFETEIG:

¼ Würfel frische Hefe
3 EL und 200 ml warmes Wasser
370 g Weizenmehl (Type 550)
3 EL Sesamöl
1 gestr. TL Salz
1 EL Weizenmehl zum Bestäuben

ZUSÄTZLICH:

6 EL Sesamöl
1 EL Sesamsamen

1. Für den Teig die Hefe mit warmem Wasser in einer Rührschüssel verrühren. 200 ml Wasser, Mehl, Sesamöl und Salz hinzufügen. Die Zutaten mit einem Mixer (Knethaken) zunächst kurz auf niedrigster, dann auf höchster Stufe in etwa 2 Minuten zu einem elastischen Teig verkneten. Den Teig mit Mehl bestäuben und in eine bemehlte Schüssel legen. Die Schüssel mit Frischhaltefolie zugedeckt an einen warmen Ort stellen. Den Teig etwa 2 Stunden gehen lassen.

2. Den gegangenen Teig nochmals verkneten und in 6 gleich große Teigstücke teilen. Teigstücke etwa 15 Minuten ruhen lassen.

3. Eine Kastenform (Größe 25 x 11 cm) mit 1 Esslöffel Sesamöl bestreichen und mit ½ Esslöffel Sesamsamen ausstreuen. Die Teigstücke zu dünnen etwa 60 cm langen Rollen formen und mit 2 Esslöffeln Sesamöl bestreichen. Die Rollen in Schlangenlinien in die Kastenform legen und mit dem restlichen Sesamöl beträufeln. Die Form zugedeckt an einen warmen Ort stellen. Den Teig etwa 3 Stunden gehen lassen.

4. Den Backofen kurz vor Ende der Teiggehzeit vorheizen.
Ober-/Unterhitze: etwa 220 °C
Heißluft: etwa 200 °C

5. Die Form auf dem Rost in den vorgeheizten Backofen (untere Schiene) schieben. Das Sesambrot **etwa 35 Minuten goldbraun backen.**

6. Das Sesambrot sofort aus der Form lösen, auf einen Kuchenrost stürzen und abkühlen lassen. Sesambrot warm oder kalt servieren.

TIPPS

- Statt Sesamöl lassen sich alle hochwertigen Öle verwenden, z. B. Argan-, Walnuss- oder Mandelöl.
- Das Brot mit Auberginenpüree, Tahini oder Pesto servieren.

50 Minuten
Teiggeh-/Ruhezeit:
etwa 3 1/2 Stunden
Backzeit: etwa 45 Minuten

Zutaten für 16 Portionen

Pro Portion:
E: 9 g, F: 15 g, Kh: 26 g, kcal: 283

DINKEL-LAUCH-ZUPFBROT MIT GREYERZER-KÄSE

FÜR DEN TEIG:
200 ml warme Milch
½ Würfel frische Hefe
1 TL Zucker
450 g Dinkelmehl (Type 630)
350 g gekochte Kartoffeln
50 ml Olivenöl
1 gestr. TL Salz

FÜR DIE FÜLLUNG:
1 große Stange Lauch
30 g Butter
gem. Pfeffer
ger. Muskatnuss
200 g Greyerzer-Käse, im Stück
300 g Crème fraîche

ZUSÄTZLICH:
1 EL Dinkelmehl zum Ausrollen
1 Eigelb
2 EL Milch

1. Für den Vorteig die warme Milch in eine Rührschüssel gießen. Hefe hineinbröseln, Zucker und die Hälfte des Mehls hinzugeben. Die Zutaten gut verrühren. Den Vorteig zugedeckt etwa 1 Stunde an einem warmen Ort gehen lassen.

2. Die Kartoffeln durch eine Kartoffelpresse drücken und mit dem restlichen Mehl, Olivenöl und Salz zum gegangenen Vorteig geben. Mit einem Mixer (Knethaken) zunächst kurz auf niedrigster, dann auf höchster Stufe zu einem Teig verkneten. Den Teig mit Frischhaltefolie zugedeckt weitere etwa 30 Minuten gehen lassen.

3. In der Zwischenzeit für die Füllung Lauch putzen, die Stange längs halbieren, gründlich waschen, abtropfen lassen. Das dunkle Grün abschneiden, die Stange in feine Stücke schneiden. Butter in einer Pfanne zerlassen. Die Lauchstücke darin etwa 2 Minuten unter Rühren andünsten. Mit Salz, Pfeffer und Muskat würzen. Greyerzer-Käse grob reiben.

4. Den gegangenen Teig auf einer bemehlten Arbeitsfläche zu einem Rechteck (etwa 40 x 60 cm) ausrollen. Crème fraîche darauf verstreichen. Mit 1 Prise Salz und Pfeffer bestreuen. Lauchstücke und geriebenen Käse darauf verteilen. Die Teigplatte halbieren (2 x 30 cm x 40 cm). Beide Platten von der schmalen Seite aus aufrollen und in etwa 5 cm breite Scheiben schneiden.

5. Die Teigscheiben aufrecht in eine Springform (Ø 26 cm, mit Backpapier belegt) setzen. Die Form zugedeckt an einen warmen Ort stellen. Den Teig etwa 2 Stunden gehen lassen.

6. Den Backofen kurz vor Ende der Teiggehzeit vorheizen.
Ober-/Unterhitze: etwa 180 °C
Heißluft: etwa 160 °C

7. Eigelb und Milch verschlagen. Die Teigoberfläche damit bestreichen. Die Form auf dem Rost in den vorgeheizten Backofen (mittlere Schiene) schieben. Das Zupfbrot **etwa 45 Minuten goldbraun backen.**

8. Die Springform auf einen Kuchenrost stellen, das Brot etwas abkühlen lassen. Das Zupfbrot aus der Springform lösen und warm servieren.

60 Minuten
Teiggeh-/Ruhezeit: etwa 2 Stunden
Backzeit: etwa 45 Minuten

Zutaten für 15 Scheiben

Pro Scheibe:
E: 7 g, F: 15 g, Kh: 26 g, kcal: 287

KRÄUTER-ZUPFBROT

FÜR DEN TEIG:
300 ml Milch
30 g frische Hefe
1 TL Zucker
500 g Weizenmehl (Type 550)
1 gestr. TL Salz
90 g Butter (zimmerwarm)

FÜR DIE FÜLLUNG:
1 Bund glatte Petersilie
1 Bund Schnittlauch
1 Knoblauchzehe
125 g Butter (zimmerwarm)
100 g Pecorino oder Parmesan, im Stück
gem. Pfeffer

ZUSÄTZLICH:
etwas Weizenmehl

1. Für den Teig die Milch lauwarm erhitzen und in eine Schüssel geben. Hefe zerbröseln und mit dem Zucker unter die Milch rühren.

2. Mehl und Salz in einer Rührschüssel mischen, Butter und die Hefemilch hinzugeben. Die Zutaten mit einem Mixer (Knethaken) oder mit den Knethaken der Küchenmaschine zu einem glatten Teig verkneten. Die Teig mit Frischhaltefolie zugedeckt an einem warmen Ort etwa 30 Minuten gehen lassen.

3. Für die Füllung in der Zwischenzeit Petersilie und Schnittlauch abspülen und trocken tupfen. Die Blättchen von den Stängeln zupfen, Blättchen klein schneiden, Schnittlauch in Röllchen schneiden. Knoblauch abziehen und fein würfeln. Butter in einer Rührschüssel mit dem Mixer (Rührstäbe) cremig aufschlagen. Kräuter, Knoblauch, Salz und Pfeffer unterrühren. Pecorino oder Parmesan fein reiben.

4. Den gegangenen Teig mit Mehl bestäuben und auf einer bemehlten Arbeitsfläche zu einem Rechteck (etwa 55 x 33 cm) ausrollen. Die Kräuterbutter auf dem Teigrechteck verteilen und mit dem Löffelrücken gleichmäßig verstreichen. Mit 75 g geriebenem Käse bestreuen.

5. Den Teig in etwa 11 x 11 cm große Quadrate schneiden. Die Teigquadrate hochkant hintereinander in eine Kastenform (25 cm x 11 cm) setzen. Dabei das letzte Quadrat mit der unbestreuten Teigseite zur Formwand einlegen, sodass die Füllung nicht an der Form klebt. Den Teig zugedeckt etwa 30 Minuten an einem warmen Ort gehen lassen. Dann den restlichen Käse daraufstreuen und den Teig zugedeckt nochmals etwa 1 Stunde gehen lassen.

6. Den Backofen kurz vor Ende der Teiggehzeit vorheizen.
Ober-/Unterhitze: etwa 180 °C
Heißluft: etwa 160 °C

7. Die Form auf dem Rost in den vorgeheizten Backofen (untere Schiene) schieben. Das Brot **etwa 45 Minuten backen.**

8. Die Form auf einen Kuchenrost stellen. Das Brot etwa 15 Minuten abkühlen lassen. Dann vorsichtig aus der Form lösen und lauwarm servieren.

40 Minuten, ohne Abkühlzeit
Teiggeh-/Ruhezeit: etwa 70 Minuten
Backzeit 45–50 Minuten

18 Stück

Pro Stück:
E: 6 g, F: 10 g, Kh: 19 g, kcal: 191

PIZZA-ZUPFBROT

FÜR DEN HEFETEIG:
225 g Weizenmehl (Type 550)
200 g Dinkelmehl (Type 630)
½ gestr. TL Salz
½ Würfel frische Hefe
1 TL flüssiger Honig
knapp 270 ml lauwarmes Wasser
6 EL Olivenöl

FÜR DEN BELAG:
2 Tomaten (etwa 150 g)
40 g abgetropfte, getrocknete Tomaten in Öl
evtl. 3–4 Stängel frisches Basilikum
125 g Pesto (aus dem Glas)
gem. Pfeffer
150 g ger. Käse (z. B. Gouda oder Gratinkäse)

1. Für den Teig Weizen-, Dinkelmehl und Salz in der Rührschüssel einer Küchenmaschine mischen und eine Vertiefung eindrücken. Zerbröckelte Hefe, Honig und etwa 50 ml lauwarmes Wasser in die Vertiefung geben und verrühren. Den Vorteig zugedeckt 5–10 Minuten gehen lassen.

2. Vier Esslöffel von dem Olivenöl mit dem restlichen warmen Wasser (220 ml) zum Vorteig geben. Die Zutaten zunächst mit den Knethaken der Küchenmaschine etwa 5 Minuten auf niedrigster Stufe, dann auf höchster Stufe in weiteren etwa 5 Minuten zu einem geschmeidigen Teig verkneten. Den Teig zugedeckt etwa 40 Minuten an einem warmen Ort gehen lassen, bis er sich sichtbar vergrößert hat.

3. Tomaten abspülen, abtrocknen, halbieren, entkernen und die Stängelansätze herausschneiden. Tomaten in dünne Scheiben schneiden. Getrocknete Tomaten in kleine Würfel schneiden. Nach Belieben Basilikum abspülen, trocken tupfen und die Blättchen von den Stängeln zupfen, Blättchen grob zerschneiden.

4. Den gegangenen Teig leicht mit Mehl bestäuben, nochmals kurz verkneten und auf einer leicht mit Mehl bestäubten Arbeitsfläche zu einem Rechteck (etwa 50 x 40 cm) ausrollen. Das Teigrechteck in 5 etwa 10 x 40 cm breite Streifen schneiden. Die Teigstreifen mit Pesto bestreichen, mit Salz und Pfeffer würzen.

5. Käse, Tomatenscheiben, Tomatenwürfel und Basilikum darauf verteilen und leicht in den Teig drücken.

6. Die Streifen jeweils ziehharmonikaartig falten und nacheinander senkrecht in eine Kastenform (30 x 11 cm, gefettet, mit Backpapier ausgelegt) stellen. Den Teig zugedeckt nochmals 15–20 Minuten an einem warmen Ort gehen lassen, bis er sich sichtbar vergrößert hat.

7. Den Backofen kurz vor Ende der Teiggehzeit vorheizen.
Ober-/Unterhitze: etwa 175 °C
Heißluft: etwa 155 °C

8. Pizza-Zupfbrot mit restlichem Olivenöl bestreichen. Die Form auf dem Rost in den vorgeheizten Backofen (unterste Schiene) schieben. Das Pizzabrot in **45–50 Minuten backen**. Evtl. in den letzten Minuten das Pizzabrot mit Backpapier belegen, damit die Oberfläche nicht zu dunkel wird.

9. Die Form auf einen Kuchenrost stellen. Das Pizzabrot leicht abkühlen lassen und warm servieren.

50 Minuten, ohne Abkühlzeit
Teiggeh-/Ruhezeit: etwa 4 Stunden
Backzeit: etwa 45 Minuten

Zutaten für 30 Stück

Pro Stück:
E: 5 g, F: 8 g, Kh: 17 g, kcal: 164

AUBERGINEN-ZUPFBROT, SCHARF

FÜR DEN TEIG:

½ Würfel frische Hefe
3 EL warmes Wasser
1 TL Zucker
200 g Vollmilchjoghurt
650 g Weizenmehl (Type 550)
1 gestr. TL Salz
100 ml Olivenöl
1 Ei (Größe M)

FÜR DIE FÜLLUNG:

3 Knoblauchzehen
2 Chilischoten
40 ml Olivenöl
2 Auberginen (etwa 600 g)
3 EL Rapsöl
1 Bund glatte Petersilie
150 g ger. Parmesan

ZUSÄTZLICH:

1 EL Butter (zimmerwarm) für die Form

1. Für den Teig die Hefe in eine Rührschüssel bröseln, mit warmem Wasser, Zucker und Joghurt verrühren. Mehl, Salz, Olivenöl und Ei hinzugeben. Die Zutaten mit einem Mixer (Knethaken) zunächst kurz auf niedrigster, dann auf höchster Stufe zu einem glatten Teig verkneten. Den Teig mit Frischhaltefolie zugedeckt etwa 3 Stunden an einen warmen Ort gehen lassen.

2. Eine Gugelhupfform (Ø 22 cm) mit Butter fetten.

3. Für die Füllung in der Zwischenzeit Knoblauch abziehen. Chilischote abspülen, trocken tupfen, halbieren, entstielen, entkernen und grob hacken. Knoblauch, Chili, Olivenöl und 1 Prise Salz in einen Mörser geben und zu einer Paste zerreiben.

4. Auberginen abspülen, abtrocknen und die Stängelansätze abschneiden. Auberginen in etwa ½ cm dicke Scheiben schneiden. Je einen Esslöffel Rapsöl in einer großen Pfanne erhitzen. Die Auberginenscheiben darin in 3 Portionen von beiden Seiten anbraten. Jeweils mit Salz würzen. Die Auberginenscheiben auf eine Platte legen und abkühlen lassen. Petersilie abspülen, trocken tupfen und die Blättchen von den Stängeln zupfen. Blättchen klein schneiden. 1 Teelöffel klein geschnittene Petersilie zum Garnieren beiseitelegen.

5. Den gegangenen Teig mit Mehl bestäuben und auf der bemehlten Arbeitsfläche zu einem Rechteck (etwa 45 x 60 cm) ausrollen. In 3 Streifen (15 x 60 cm) schneiden. Auberginenwürfel in der Mitte der Teigstreifen verteilen, mit Petersilie und Parmesan bestreuen. Den Teig darüber zusammenschlagen. Die Rollen mit dem Knoblauch-Chili-Öl bestreichen. Die Rollen in 15 cm lange Stücke schneiden und in die Form legen. Den Teig nochmals zugedeckt etwa 1 Stunde gehen lassen.

6. Den Backofen kurz vor Ende der Teiggehzeit vorheizen.
Ober-/Unterhitze: etwa 180 °C
Heißluft: etwa 160 °C

7. Die Form auf dem Rost in den vorgeheizten Backofen (untere Schiene) schieben. Das Zupfbrot **etwa 45 Minuten goldbraun backen.**

8. Die Form auf einen Kuchenrost stellen. Das Zupfbrot etwa 15 Minuten abkühlen lassen. Dann aus der Form stürzen, mit der restlichen Petersilie bestreuen und lauwarm servieren.

45 Minuten, ohne Abkühlzeit
Ruhe-/Teiggehzeit:
etwa 3 Stunden und 30 Minuten
Backzeit: etwa 40 Minuten

Zutaten für 21 Stück

Pro Stück:
E: 5 g, F: 7 g, Kh: 13 g, kcal: 136

ROSMARIN-KNOBLAUCH-ZUPFBROT

FÜR DEN VOLLKORN-HEFETEIG:
½ Würfel frische Hefe
250 ml lauwarmes Wasser
1 EL flüssiger Honig
150 g Weizenvollkornmehl
250 g Dinkelvollkornmehl
½ gestr. TL Salz
½ TL gem. Kümmelsamen
½ TL ger. Muskatnuss
50 g Kürbiskerne
50 g Sonnenblumenkerne

FÜR DIE FÜLLUNG:
3 Knoblauchzehen
3 EL Rosmarinnadeln
80 g Butter (zimmerwarm)
50 g ger. Parmesan

ZUSÄTZLICH:
etwas Butter (zimmerwarm) für die Form

1. Für den Hefeteig die Hefe in eine Rührschüssel bröseln und mit lauwarmem Wasser und Honig verrühren. Weizenvollkornmehl unterrühren. Dinkelvollkornmehl, Salz, Kümmel und Muskat auf den Vorteig geben. Die Rührschüssel mit Frischhaltefolie zudecken. Den Teig etwa 30 Minuten gehen lassen, bis das Mehl deutlich Risse zeigt.

2. Von den Kürbis- und Sonnenblumenkernen je 1 Esslöffel beiseitelegen. Die restlichen Kerne in einer Pfanne ohne Fett unter Rühren goldbraun rösten. Die Kerne auf einen Teller geben und abkühlen lassen.

3. Die abgekühlten Kerne zum gegangenen Teig in die Rührschüssel geben und mit einem Mixer (Knethaken) zunächst kurz auf niedrigster, dann auf höchster Stufe in etwa 2 Minuten zu einem glatten Teig verkneten. Der Teig muss sich vom Schüsselrand lösen. Die Schüssel mit Frischhaltefolie zugedeckt an einen warmen Ort stellen. Den Teig etwa 1 Stunde gehen lassen.

4. Für die Füllung Knoblauch abziehen und mit Rosmarin sehr klein schneiden. Die Butter in eine Rührschüssel geben und mit einem Mixer (Rührstäbe) etwa 2 Minuten schaumig schlagen. Knoblauch, Rosmarin und Parmesan unterschlagen.

5. Den gegangenen Teig mit Mehl bestäuben, aus der Schüssel nehmen und auf einer bemehlten Arbeitsfläche zu einer etwa 60 cm langen Rolle formen. Die Rolle etwa 10 cm breit flach drücken. Den Teig mit der Butter-Kräuter-Mischung bestreichen. Die Teigrolle in etwa 4 cm breite Stücke schneiden.

6. Die Teigstücke jeweils zusammenklappen und mit der geschlossenen Seite nach unten in eine eckige Springform (etwa 28 x 18 cm, Boden mit Backpapier belegt, Rand mit Butter bestrichen) in die Form setzen (3 Reihen mit jeweils 7 Teigstücken). Die beiseitegelegten Kürbis- und Sonnenblumenkerne daraufstreuen. Den Teig zugedeckt nochmals etwa 2 Stunden an einem warmen Ort gehen lassen.

7. Den Backofen kurz vor Ende der Teiggehzeit vorheizen.
Ober-/Unterhitze: etwa 180 °C
Heißluft: etwa 160 °C

8. Die Form auf dem Rost in den vorgeheizten Backofen (untere Schiene) schieben. Das Zupfbrot **etwa 40 Minuten goldbraun backen.**

9. Die Form auf einen Kuchenrost stellen. Das Zupfbrot etwa 15 Minuten abkühlen lassen, dann aus der Form lösen und warm oder kalt servieren.

40 Minuten, ohne Abkühlzeit
Ruhe-/Gehzeit:
etwa 1 Stunde und 30 Minuten
Backzeit: etwa 35 Minuten

12 Scheiben

Pro Scheibe:
E: 7 g, F: 10 g, Kh: 33 g, kcal: 253

TOMATEN-KÄSE-ZUPFBROT

FÜR DEN HEFETEIG:

500 g Weizenmehl (Type 550)
½ Würfel frische Hefe
200 ml lauwarme Milch (1,5 % Fett)
1 gestr. TL Zucker
½ TL Salz
2 Eier (Größe M)
25 g Butter (zimmerwarm)

ZUM BESTREICHEN:

75 g Butter (zimmerwarm)

FÜR DIE FÜLLUNG:

2 EL ger. Parmesan
3 EL abgetropfte, klein geschnittene, getrocknete Tomaten in Öl

1. Für den Teig das Mehl in die Rührschüssel einer Küchenmaschine geben. In die Mitte eine Vertiefung eindrücken. Hefe hineinbröckeln. 100 ml von der Milch hinzugeben und mit etwas Mehl verrühren. Die Hefe-Milch-Mischung mit etwas von dem Mehl bedecken und etwa 30 Minuten zugedeckt stehen lassen.

2. Restliche Milch, Zucker, Salz, Eier und Butter hinzufügen, mit der Küchenmaschine (Knethaken) zunächst kurz auf niedrigster, dann auf mittlerer Stufe in etwa 5 Minuten zu einem glatten Teig verarbeiten.

3. Den Teig zugedeckt etwa 30 Minuten an einem warmen Ort gehen lassen, bis er sich sichtbar vergrößert hat.

4. Den Teig auf einer leicht bemehlten Arbeitsfläche flach drücken (nicht kneten), zu einem Rechteck (etwa 40 x 30 cm) ausrollen. Die Teigoberfläche mit Butter bestreichen. Die Füllung darauf verteilen. Die Teigplatte in 3 etwa 10 cm breite Streifen schneiden und diese übereinanderlegen. Die Teigstreifen in 6 gleich große Stücke schneiden.

5. Die Teigstücke mit der Schnittkante nach oben locker in eine Kastenform (30 x 11 cm, gefettet, mit Backpapier ausgelegt) setzen. Den Teig zugedeckt nochmals etwa 30 Minuten an einem warmen Ort gehen lassen, bis er sich sichtbar vergrößert hat.

6. Backofen kurz vor Ende der Teiggehzeit vorheizen.
Ober-/Unterhitze: etwa 180 °C
Heißluft: etwa 160 °C

7. Die Kastenform auf dem Rost in den vorgeheizten Backofen (untere Schiene) schieben. Das Brot **etwa 35 Minuten backen.**

8. Die Form auf einen Kuchenrost stellen und das Brot etwas abkühlen lassen. Dann das lauwarme Brot aus der Form nehmen, servieren oder auf einem Kuchenrost erkalten lassen.

TIPPS

- Am besten schmeckt das Brot ganz frisch und noch warm serviert.
- Haben Sie eine kleinere Kastenform, erhöhen Sie den Rand Ihrer Form einfach mit Backpapier. Schneiden Sie dafür das Backpapier zum Auskleiden großzügig zu und stabilisieren Sie die Ecken, z. B. mit Büroklammern aus Metall. So geht Ihnen der Teig nicht über die Form.

50 Minuten, ohne Abkühlzeit
Backzeit: etwa 50 Minuten

Zutaten für 15 Scheiben

Pro Scheibe:
E: 9 g, F: 15 g, Kh: 26 g, kcal: 280

PAPRIKA-RUCOLA-ZUPFBROT

FÜR DEN TEIG:
500 g Dinkelmehl (Type 630)
1 Pck. Backpulver
1 gestr. TL Salz
250 g Speisequark (20 % Fett)
1 Ei (Größe M)
150 g Joghurt (3,5% Fett)
75 ml Rapsöl
2 EL Dinkelmehl zum Bestäuben

FÜR DIE FÜLLUNG:
3 grüne Paprikaschoten
1 Knoblauchzehe
1 EL Rapsöl
3 EL Balsamico-Essig
1 TL Paprikapulver edelsüß
gem. Pfeffer
1 Bund Rucola (60 g)
100 g Butter (zimmerwarm)
60 g ger. Parmesan

ZUSÄTZLICH:
1 EL Butter (zimmerwarm) für die Form
Meersalz

1. Den Backofen vorheizen.
Ober-/Unterhitze: etwa 180 °C
Heißluft: etwa 160 °C

2. Für den Teig Mehl mit Backpulver und Salz in einer Rührschüssel vermischen. Quark, Ei, Joghurt und Rapsöl hinzufügen. Die Zutaten mit einem Mixer (Knethaken) zunächst kurz auf niedrigster, dann auf höchster Stufe zu einem glatten Teig verkneten.

3. Den Teig mit Mehl bestäuben, aus der Schüssel nehmen und auf einer bemehlten Arbeitsfläche zu einem Rechteck (etwa 30 x 50 cm) ausrollen. Anschließend in etwa 10 x 10 cm große Quadrate schneiden.

4. Für die Füllung die Paprikaschoten mit einem Sparschäler fein schälen. Die Schoten halbieren, entstielen, entkernen und die weißen Scheidewände entfernen. Schoten in etwa 1 cm große Würfel schneiden. Knoblauch abziehen und in Scheiben schneiden. Rapsöl in einer Pfanne erhitzen. Knoblauchscheiben und Paprikawürfel darin etwa 2 Minuten unter Rühren anbraten. Mit Balsamico-Essig ablöschen, mit Paprika, Salz und Pfeffer würzen. Die Paprika-Knoblauch-Mischung abkühlen lassen.

5. Rucola verlesen und dicke Stängel abschneiden. Rucola abspülen, gut abtropfen lassen oder trocken schleudern und mit der Butter verrühren. Mit Salz und Pfeffer würzen. Die Rucolabutter auf den Teigquadraten verstreichen. Parmesan gleichmäßig daraufstreuen. Paprika-Knoblauch-Mischung darauf verteilen. Die Ecken der Teigquadrate hochnehmen, zu etwa 6 cm hohen Säckchen zusammendrücken und in eine Springform (Ø 24 cm, mit Butter gefettet) setzten.

6. Die Form auf dem Rost in den vorgeheizten Backofen (untere Schiene) schieben. Paprika-Rucola-Zupfbrot **etwa 50 Minuten goldbraun backen.**

7. Die Form auf den Kuchenrost stellen. Paprika-Rucola-Zupfbrot etwa 10 Minuten abkühlen lassen. Dann aus der Form lösen und mit Meersalz bestreut warm oder kalt genießen.

TIPP

Statt Rucola können Sie auch Basilikum oder Petersilie für die Butter verwenden.

50 Minuten, ohne Abkühlzeit
Geh- und Ruhezeit: 4 Stunden
Backzeit: etwa 40 Minuten

Zutaten für 30 Portionen

Pro Portion:
E: 3 g, F: 5 g, Kh: 13 g, kcal: 108

JALAPEÑO-ZUPFBROT

FÜR DEN HEFETEIG:
15 g frische Hefe
250 ml lauwarmes Wasser
180 g Weizenmehl (Type 550)
175 g feines Maismehl
100 g feiner Polentagrieß
½ TL Salz
1 EL Olivenöl

FÜR DIE SALSA VERDE:
1 Knoblauchzehe
60 g geröstete gesalzene Erdnüsse
1 kleine scharfe Chilischote
50 g Koriander mit Stielen
50 g glatte Petersilie
80 ml Olivenöl
1 Prise Salz
4 EL Weizenmehl zum Bestreuen

ZUSÄTZLICH:
200 g Jalapeño-Schoten
50 g Mais
30 g Cheddarkäse

1. Für den Teig die Hefe in eine Rührschüssel bröseln und in dem Wasser auflösen. Die übrigen Teigzutaten zugeben und mit einem Mixer (Knethaken) zunächst kurz auf niedrigster, dann auf höchster Stufe in etwa 2 Minuten zu einem Teig verkneten, bis sich der Teig vom Schüsselrand löst. Die Schüssel mit Frischhaltefolie bedecken und den Teig an einem warmen Ort etwa 2 Stunden gehen lassen.

2. Für die Salsa die Knoblauchzehe abziehen und mit den Erdnüssen in einen Blitzhacker geben. Chili abspülen, abtrocknen, grob zerteilen und dazugeben. Alle Zutaten fein hacken. Kräuter abspülen und trocken tupfen. Koriander mit den Stielen grob zerschneiden, Petersilienblätter von den Stängeln zupfen, grob hacken und beide Kräuter in den Blitzhacker füllen. Öl und 1 Prise Salz zugeben und fein hacken.

3. Die Stiele der Jalapeno-Schoten abschneiden. 2 Esslöffel Öl in einer Pfanne erhitzen und die Schoten darin unter ständigem Rühren etwa 3 Minuten braten. Mit 1 Prise Salz würzen. Die Schoten abkühlen lassen.

4. Arbeitsfläche und Teig mit Mehl bestreuen und den Teig zu einer 30 cm langen Rolle formen. In 1 cm breite Scheiben schneiden. Auf etwa 12 cm Länge flach drücken. Die Scheiben flach auf die Arbeitsfläche legen und die Salsa verde darauf verteilen und verstreichen. Mit jeweils 1 Jalapeño-Schote belegen. 3-4 Scheiben aufeinanderlegen und zusammenfalten. 27 Teigscheiben hochkant mit der Füllung in eine Springform (Ø 26 cm, mit Backpapier belegt) nach oben stellen. Die Mitte mit 3 Scheiben füllen. Mais in einem Sieb abtropfen lassen und auf die Teigscheiben streuen. Den Cheddar-Käse grob raspeln und in die Mitte streuen. Das Brot etwa 2 Stunden an einen warmen Ort gehen lassen.

5. Den Backofen kurz vor Ende der Teiggehzeit vorheizen.
Ober-/Unterhitze: etwa 180 °C
Heißluft: etwa 160 °C

6. Die Springform in den vorgeheizten Backofen (mittlere Schiene) schieben. Das Zupfbrot **etwa 40 Minuten goldbraun backen.**

7. Die Springform auf einen Kuchenrost stellen. Das Jalapeño-Zupfbrot etwa 15 Minuten abkühlen lassen, dann aus der Form lösen. Warm oder kalt genießen.

TIPP

Das Jalapeño-Brot bleibt 3–4 Tage frisch. Dazu italienische Salami, rotes oder grünes Pesto oder Gemüse-Antipasti servieren.

50 Minuten
Teiggeh-/Ruhezeit: etwa 15 Stunden
Backzeit: etwa 55 Minuten

Zutaten für 15 Scheiben

Pro Scheibe:
E: 8 g, F: 13 g, Kh: 28 g, kcal: 264

ZUPFBROT ALLA CAPRESE

FÜR DEN TEIG:
½ Würfel frische Hefe
2 EL warmes Wasser
500 g Weizenmehl (Type 550)
20 g Zucker
1 gestr. TL Salz
4 Eier (Größe M)
150 g Butter (zimmerwarm)
40 g Weizenmehl zum Bestäuben

FÜR DIE FÜLLUNG:
30 Basilikumblätter
1 abgetropfte Büffel-Mozzarellakugel (Abtropfgewicht 125 g)
40 g ger. Parmesan
400 g abgetropfte Tomatenstücke (aus der Dose)
gem. schwarzen Pfeffer

1. Eine Kastenform (35 x 11 cm) mit Backpapier auslegen.

2. Für den Teig die Hefe in eine Rührschüssel bröseln und mit warmem Wasser verrühren. Mehl, Zucker, Salz, Eier und Butter hinzugeben. Die Zutaten mit einem Mixer (Knethaken) zunächst kurz auf niedrigster, dann auf höchster Stufe in etwa 3 Minuten zu einem Teig verkneten, bis er sich vom Schüsselrand löst. Den Teig mit Frischhaltefolie belegen und die Rührschüssel etwa 12 Stunden in den Kühlschrank stellen.

3. Den kalt gestellten Teig mit Mehl bestäuben und auf einer bemehlten Arbeitsfläche zu einem Rechteck (etwa 40 x 25 cm) ausrollen. Das Teigrechteck so zusammenfalten, dass 3 Teigschichten entstehen. Den Teig wieder mit Mehl bestäuben und nochmals zu einem Rechteck (etwa 40 cm x 25 cm) ausrollen und erneut zusammenfalten. Den Teig etwa 5 Minuten ruhen lassen.

4. Dann den Teig auf der bemehlten Arbeitsfläche zu einem Rechteck (etwa 36 x 50 cm) ausrollen. Den Teig längs in 3 etwa 12 x 50 cm breite Streifen schneiden.

5. Für die Füllung die Basilikumblätter abspülen und trocken tupfen. Mozzarella auf einer Haushaltsreibe grob raspeln oder fein hacken. Tomatenstücke, Basilikumblätter, Mozzarella und geriebenen Parmesan mittig auf den Teigstreifen verteilen. Mit Salz und Pfeffer bestreuen.

6. Die Teigstreifen mit der Füllung in etwa 10 cm breite Scheiben schneiden. Zunächst 5–6 Scheiben aufeinanderschichten und in die vorbereitete Kastenform stellen. Nacheinander die restlichen geschichteten Scheiben daranstellen. Die letzte Scheibe umdrehen, damit die Füllung nicht am Rand steht. Den Teig etwa 3 Stunden an einem warmen Ort gehen lassen.

7. Den Backofen kurz vor Ende der Teiggehzeit vorheizen.
Ober-/Unterhitze: etwa 180 °C
Heißluft: etwa 160 °C

8. Die Form auf dem Rost in den vorgeheizten Backofen (mittlere Schiene) schieben. Das Brot **etwa 55 Minuten backen.**

9. Die Form auf einen Kuchenrost stellen. Das Brot etwa 15 Minuten abkühlen lassen, dann aus der Form lösen. Zupfbrot warm oder kalt genießen.

40 Minuten, ohne Abkühlzeit
Geh- und Ruhezeit: 24 Stunden
Backzeit: etwa 50 Minuten
Vegan

Zutaten für etwa 26 Stücke

Pro Portion:
E: 2 g, F: 2 g, Kh: 14 g, kcal: 86

NO KNEAD PAPRIKA-ZUPFBROT

FÜR DEN TEIG:

350 g Weizenmehl (Type 405)
100 g dunkles Roggenmehl (Type 1150)
½ TL Salz
½ Würfel frische Hefe
350 ml Wasser
3 EL Weizenmehl zum Ausrollen
1 TL Rapsöl zum Ausstreichen der Form

FÜR DIE FÜLLUNG:

1 Zwiebel
1 Knoblauchzehe
je 1 rote, gelbe und grüne Paprika
1 Bund Schnittlauch, fein geschnitten
50 ml Olivenöl
1 TL Leinsamen
gem. Pfeffer

1. Für den Teig Mehl, Salz und Hefe in einer Schüssel vermischen. Wasser hinzugeben und mit einem Holzlöffel verrühren. Die Schüssel mit Frischhaltefolie bedecken. Etwa 18 Stunden in den Kühlschrank stellen.

2. Eine Arbeitsfläche gut mit Mehl bestäuben und den Teig mit einem Kuchenschaber auf die bemehlte Arbeitsfläche geben. Den Teig etwas flach drücken und viermal zusammenfalten.

3. Eine Springform (Ø 26 cm) mit Öl ausstreichen. Den Teig mit einen kleinen Eisportionierer (Ø etwa 3 cm) abstechen. Den Teig mit der runden Seite nach oben in der Springform verteilen.

4. Für die Füllung Zwiebel und Knoblauchzehe abziehen und in Würfel schneiden. Paprikaschoten halbieren und entkernen. Paprika in feine Würfel schneiden. Schnittlauch abspülen, trocken tupfen und in feine Röllchen schneiden.

5. Olivenöl in einer Pfanne erhitzen und die Zwiebel darin anbraten. Paprikawürfel zugeben und 1 Minute braten. Schnittlauch zugeben. Mit Salz und Pfeffer würzen. Das Gemüse abkühlen lassen und mit dem Öl auf dem Teig verteilen. Den Teig etwa 6 Stunden an einen warmen Ort gehen lassen. Mit Leinsamen bestreuen.

6. Den Backofen kurz vor Ende der Teiggehzeit vorheizen.
Ober-/Unterhitze: etwa 250 °C
Heißluft: etwa 230 °C

7. Die Form auf dem Rost in den vorgeheizten Backofen (mittlere Schiene) schieben. Die Temperatur auf 180 °C Ober-/Unterhitze (160 °C Heißluft) herunterschalten. Das Brot **etwa 50 Minuten goldbraun backen.**

8. Die Form auf einen Kuchenrost stellen und das Brot etwa 15 Minuten abkühlen lassen, dann aus der Form lösen. Warm oder kalt servieren.

TIPP

T Das Paprika-Zupfbrot ist eine perfekte Beilage zu gegrilltem Fleisch.

50 Minuten
Ruhe-/Teiggehzeit:
etwa 4 Stunden und 5 Minuten
Backzeit: etwa 40 Minuten
Mit Alkohol – Laktosefrei

Zutaten für 8 Stück

Pro Stück:
E: 10 g, F: 20 g, Kh: 58 g, kcal: 478

WALNUSS-TOMATEN-ZUPFBROT

FÜR DEN WEIN-HEFETEIG:

½ Würfel frische Hefe
200 ml trockener Weißwein
250 g Weizenmehl (Type 550)
200 g Weizenvollkornmehl
1 gestr. TL Salz
80 ml Olivenöl

FÜR DIE FÜLLUNG:

200 g getrocknete Tomaten in Öl
3 Zwiebeln
1 Knoblauchzehe
50 g Walnusskernhälften
2 Sardellenfilets
gem. Pfeffer
2 EL abgetropfte Kapern

ZUSÄTZLICH:

1 Bogen Backpapier
50 g Weizenmehl zum Bestäuben

1. Für den Hefeteig Hefe in eine Rührschüssel bröseln. Weißwein hinzugießen und die Hefe darin unter Rühren auflösen. Beide Mehlsorten mit Salz und zuletzt das Olivenöl hinzugeben. Die Zutaten mit einem Mixer (Knethaken) zunächst kurz auf niedrigster, dann auf höchster Stufe in etwa 2 Minuten zu einem glatten Teig verkneten. Der Teig muss sich vom Schüsselrand lösen. Die Rührschüssel mit Frischhaltefolie zugedeckt an einen warmen Ort stellen. Den Teig etwa 2 Stunden gehen lassen.

2. In der Zwischenzeit für die Füllung getrocknete Tomaten (mit dem Öl) in einen Blitzhacker geben, dabei 1 Esslöffel von dem Tomatenöl in eine Pfanne gießen. Zwiebeln und die Knoblauchzehe abziehen, klein würfeln. Die Pfanne mit dem Tomatenöl erhitzen. Zwiebel- und Knoblauchwürfel darin unter Rühren etwa 2 Minuten anbraten. Die Zwiebel-Knoblauch-Mischung zu den Tomaten in den Blitzhacker geben. 8 Walnusskernhälften beiseitelegen. Sardellenfilets und restliche Walnusskernhälften mit in den Blitzhacker geben, alles fein hacken. Mit Salz und Pfeffer würzen. Die Kapern untermischen.

3. Ein Backblech mit Backpapier belegen. Den gegangenen Teig mit Mehl bestäuben, aus der Schüssel nehmen und auf der bemehlten Arbeitsfläche nochmals kurz durchkneten. Den Teig etwa 5 Minuten ruhen lassen, damit er sich entspannt. Anschließend den Teig auf der bemehlten Arbeitsfläche zu einem Rechteck (etwa 60 x 40 cm) ausrollen.

4. Die Teigplatte dünn mit der Tomatenmasse bestreichen. Teigplatte von der längeren Seite aus aufrollen. Die Rolle in 15 cm breite Stücke schneiden. Die Teigstücke längs mit einem Elektromesser durchschneiden. Anschließend zu Schlaufen zusammenlegen und auf dem Backblech zu einem Kranz zusammenlegen. Mit den beiseitegelegten Walnusskernhälften belegen.

5. Den Teig zugedeckt mindestens 2 Stunden an einem warmen Ort gehen lassen.

6. Den Backofen kurz vor Ende der Teiggehzeit vorheizen.
Ober-/Unterhitze: etwa 180 °C
Heißluft: etwa 160 °C

7. Das Backblech in den vorgeheizten Backofen (mittlere Schiene) schieben. Den Kranz **etwa 40 Minuten goldbraun backen.**

8. Das Backblech auf einen Kuchenrost stellen. Das Brot etwa 10 Minuten abkühlen lassen. Dann vom Backblech nehmen und servieren.

50 Minuten, ohne Abkühlzeit
Backzeit: etwa 45 Minuten

Titelrezept

Zutaten für 26 Stück

Pro Stück:
E: 4 g, F: 9 g, Kh: 17 g, kcal: 162

PFEFFER-HONIG-ZUPFBROT, SCHNELL

FÜR DEN TEIG:
550 g Weizenmehl (Type 550)
1 Pck. Backpulver
1 Prise Salz
250 g Speisequark (20 % Fett)
1 Ei (Größe M)
75 ml Milch (3,5 % Fett)
75 ml Rapsöl
2 EL Weizenmehl zum Bestäuben

FÜR DIE FÜLLUNG:
50 g abgetropfte grüne Pfefferkörner in Lake (z.B. grüner Amazonas Pfeffer)
150 g Butter (zimmerwarm)
1 EL flüssiger Honig

1. Den Backofen vorheizen.
Ober-/Unterhitze: etwa 180 °C
Heißluft: etwa 160 °C

2. Für den Teig Mehl mit Backpulver und Salz in einer Rührschüssel vermischen. Quark, Ei, Milch und Rapsöl hinzufügen. Die Zutaten mit einem Mixer (Knethaken) zunächst kurz auf niedrigster, dann auf höchster Stufe zu einem glatten Teig verkneten.

3. Den Teig mit Mehl bestäuben, aus der Schüssel nehmen und auf einer bemehlten Arbeitsfläche zu einer etwa 65 cm langen Rolle formen. Anschließend die Teigrolle zu einem Rechteck (etwa 65 x 18 cm) flach drücken.

4. Für die Füllung den grünen Pfeffer in ein Sieb geben, mit kaltem Wasser abspülen und abtropfen lassen. Anschließend die Pfefferkörner in einem Blitzhacker fein hacken.

5. Butter und Honig in einer Rührschüssel mit dem Mixer (Rührstäbe) auf höchster Stufe in etwa 1 Minute cremig schlagen. Die gehackten Pfefferkörner unterrühren. Die Pfefferbutter auf dem Teigrechteck verstreichen.

6. Das Teigrechteck zunächst längs halbieren, dann in etwa 5 cm breite Streifen schneiden. Die Teigstreifen jeweils so zusammendrücken, dass die Füllung in dem Streifen eingeschlossen ist. Die Teigstreifen nebeneinander hochkant in eine Springform (Ø 18 cm, Höhe etwa 9 cm, mit Backpapier belegt) setzen.

7. Die Form auf dem Rost in den vorgeheizten Backofen (untere Schiene)schieben. Das Pfeffer-Honig-Zupfbrot **etwa 45 Minuten goldbraun backen.**

8. Die Form auf einen Kuchenrost stellen. Das Zupfbrot etwa 10 Minuten abkühlen lassen. Dann aus der Form lösen und warm oder kalt servieren.

50 Minuten, ohne Abkühlzeit
Ruhe-/Teiggehzeit:
etwa 3 Stunden und 30 Minuten
Backzeit: etwa 45 Minuten

Zutaten für 28 Stück

Pro Stück:
E: 4 g, F: 3 g, Kh: 10 g, kcal: 83

SARDINEN-FENCHEL-ZUPFBROT

FÜR DEN DINKELTEIG:

½ Würfel frische Hefe
230 ml warmes Wasser
1 Prise Zucker
400 g Dinkelmehl (Type 630)
1 gestr. TL Salz
2 EL Olivenöl
1 EL Dinkelmehl zum Bestäuben

FÜR DIE FÜLLUNG:

1 Fenchelknolle
1 EL Olivenöl
1 TL gem. Anis
125 g Sardinen in Öl (Dose)
2 TL Fenchelsamen
Cayennepfeffer
5 Stängel Petersilie
50 g Pinienkerne

ZUSÄTZLICH:

1 TL Butter (zimmerwarm) für den Formrand

1. Für den Teig Hefe in eine Rührschüssel bröseln und mit warmem Wasser verrühren. Zucker, Dinkelmehl, Salz und Olivenöl hinzufügen. Die Zutaten mit einem Mixer (Knethaken) zunächst kurz auf niedrigster, dann auf höchster Stufe in etwa 1 Minute zu einem elastischen Teig verkneten.

2. Den Teig mit Mehl bestäuben, aus der Schüssel nehmen und auf eine bemehlte Arbeitsfläche legen. Mit Frischhaltefolie zugedeckt etwa 30 Minuten ruhen lassen.

3. Für die Füllung Fenchelknolle putzen, halbieren und den Strunk herausschneiden. Fenchel abspülen, abtropfen lassen und in dünne Scheiben schneiden. Olivenöl in einer Pfanne erhitzen. Die Fenchelscheiben darin etwa 2 Minuten von beiden Seiten anbraten. Mit Anis und Salz würzen. Abkühlen lassen.

4. Die Sardinen mit dem Öl in einen Blitzhacker geben. 1 Teelöffel Fenchelsamen und die Fenchelscheiben hinzugeben. Die Zutaten fein pürieren. Mit Salz und Cayennepfeffer würzen. Petersilie abspülen, trocken tupfen und die Blättchen von den Stängeln zupfen, Blättchen klein schneiden und mit dem Püree vermischen.

5. Den Teig verkneten und zu einer etwa 70 cm langen Rolle formen. Die Rolle etwa 20 cm breit ausrollen und dann der Länge nach halbieren. Das Püree auf dem Teig verstreichen und den Teig anschließend in etwa 5 cm breite Streifen schneiden.

6. Etwa 5 Teigstreifen aufeinanderlegen und strahlenförmig in eine Springform (Ø 26 cm, Boden mit Backpapier belegt, Formrand mit Butter bestrichen) stellen. Die restlichen Teigstreifen daransetzen, bis die Form gefüllt ist. Mit den restlichen Fenchelsamen und Pinienkernen bestreuen. Das Sardinen-Fenchel-Zupfbrot zugedeckt etwa 3 Stunden an einem warmen Ort gehen lassen.

7. Den Backofen kurz vor Ende der Teiggehzeit vorheizen.
Ober-/Unterhitze: etwa 180 °C
Heißluft: etwa 160 °C

8. Die Form auf dem Rost in den vorgeheizten Backofen (untere Schiene) schieben. Das Sardinen-Fenchel-Zupfbrot **etwa 45 Minuten goldbraun backen.**

9. Die Form auf einen Kuchenrost stellen. Das Zupfbrot etwa 10 Minuten abkühlen lassen, dann aus der Form lösen. Zupfbrot warm oder kalt servieren.

40 Minuten, ohne Abkühl- und Quellzeit
Geh- und Ruhezeit: 4 Stunden
Backzeit: etwa 35 Minuten
Vegan

Zutaten für 16 Stücke

Pro Stück:
E: 5 g, F: 6 g, Kh: 17 g, kcal: 159

BLUMENKOHL-ZUPFBROT-BLÜTE

FÜR DEN HEFETEIG:
300 ml flüssige Kokosmilch
¾ Würfel frische Hefe
1 TL Rohrzucker
110 g Braunhirsemehl
80 g Süßlupinenmehl
170 g glutenfreies Universalmehl, (z. B. von Schär)
20 g glutenfreies Universalmehl, zum Bestreuen

FÜR DIE FÜLLUNG:
400 g Blumenkohl
100 g Möhren
150 ml Mandelmilch
80 g Chiasamen
1 Bund Schnittlauch
gem. Pfeffer

ZUSÄTZLICH:
1 TL Chiasamen
1 EL Leinsamen

1. Für den Teig Kokosmilch in einen Topf erwärmen und in eine Rührschüssel gießen. Hefe zugeben und mit einem Schneebesen verrühren. Rohrzucker untermischen. Die Mehle vermischen und mit der Hefemilch zu einem glatten Teig verkneten. Den Teig an einem warmen Ort etwa 3 Stunden gehen lassen.

2. Für die Füllung Blumenkohl putzen, abspülen, abtropfen lassen und in kleine Stücke schneiden. In einen Blitzhacker füllen und fein mixen. Möhren schälen, abspülen, abtropfen lassen und grob raspeln. 100 ml Wasser in einem Topf zum Kochen bringen. Blumenkohl und Möhrenraspel hineingeben. Mit 1 Prise Salz würzen. Topfdeckel auflegen und etwa 4 Minuten bei mittlerer Hitze dämpfen. Den Topf vom Herd nehmen, den Deckel abnehmen und das Gemüse abkühlen lassen.

3. Mandelmilch mit Chiasamen verrühren und 30 Minuten quellen lassen. Den Chiapudding unter das Gemüse rühren. Schnittlauch, abspülen, trocken tupfen, in feine Röllchen schneiden und untermischen. Pudding mit Salz und Pfeffer abschmecken.

4. Den Teig in drei gleiche Teile schneiden. Die Teigstücke nacheinander zu Kreisen (Ø 28 cm) ausrollen. Jeweils einen Teigkreis auf ein mit Backpapier belegtes Backblech legen. Die Hälfte der Blumenkohlfüllung gleichmäßig darauf verteilen. Den zweiten Teigkreis mit Hilfe einer Tortenscheibe darauflegen. Die restliche Füllung darauf verteilen und den dritten Teigfladen darauflegen. Den Teigrand nach innen einschlagen und festdrücken.

5. Einen Kreis (Ø 4 cm) in der Mitte leicht aufdrücken. Das Brot in 16 gleiche Stücke schneiden. Mit einem Messer unter ein Stück fahren und anheben. Den Rand nach links umdrehen und ablegen. Das nächste Stück nach rechts umdrehen. So fortfahren, sodass sich immer ein Pärchen aus links und rechts gedrehten Stücken bildet. Die Ränder leicht nach innen formen.

6. Das Brot mit Wasser bestreichen. Die Mitte mit Chiasamen und die Blütenränder mit Leinsamen bestreuen. Das Zupfbrot zugedeckt an einen warmen Ort etwa 1 Stunde gehen lassen.

7. Den Backofen kurz vor Ende der Gehzeit vorheizen.
Ober-/Unterhitze: etwa 180 °C
Heißluft: etwa 160 °C

8. Das Backblech in den Backofen (mittlere Schiene) schieben und das Zupfbrot **etwa 35 Minuten hellbraun backen.**

9. Das Backblech auf einen Kuchenrost stellen und das Zupfbrot abkühlen lassen. Kalt oder warm servieren.

45 Minuten, ohne Abkühlzeit
Ruhe-/Teiggehzeit: etwa 4 Stunden
Backzeit: etwa 35 Minuten

Zutaten für 12 Stück

Pro Stück:
E: 11 g, F: 18 g, Kh: 25 g, kcal: 311

KÄSE-BIER-ZUPFBLÜTEN MIT SCHINKEN

FÜR DEN VOLLKORN-BIER-HEFETEIG:
½ Würfel frische Hefe
200 ml helles Pilsener Bier
370 g Weizen-Vollkornmehl
50 g Speisestärke
½ gestr. TL Salz
120 g Butter (zimmerwarm)

FÜR DIE FÜLLUNG:
200 g Schmelzkäsezubereitung
1 EL Rapsöl
100 g Parmaschinken in Scheiben
80 g Cheddar, im Stück
gem. schwarzer Pfeffer

ZUSÄTZLICH:
30 g Weizen-Vollkornmehl

1. Für den Hefeteig Hefe in eine Rührschüssel bröseln. Bier handwarm erwärmen und mit der Hefe verrühren. Mehl, Speisestärke, Salz und Butter hinzufügen. Die Zutaten mit einem Mixer (Knethaken) zunächst kurz auf niedrigster, dann auf höchster Stufe in etwa 3 Minuten zu einem elastischen Teig verkneten. Die Rührschüssel mit Frischhaltefolie zugedeckt an einen warmen Ort stellen. Den Teig etwa 3 Stunden gehen lassen.

2. Den gegangenen Teig mit Mehl bestäuben, aus der Schüssel nehmen und auf einer mit Mehl bestäubten Arbeitsfläche zu einem Rechteck (etwa 36 x 60 cm) ausrollen.

3. Für die Füllung den Schmelzkäse geschmeidig rühren und gleichmäßig auf einer Teighälfte verstreichen. Die Teigplatte auf etwa 36 x 30 cm zusammenklappen.

4. Den Teig in 12 Streifen (je etwa 30 x 3 cm) schneiden und mit Rapsöl bestreichen. Die Schinkenscheiben in etwa 3 cm breite Stücke zupfen und auf die Teigstreifen legen. Cheddar grob darüberreiben und mit Pfeffer bestreuen.

5. Die Teigstreifen von zwei Seiten aus zur Mitte hin aufrollen. Jede Teigrose in eine Muffinform (für 12 Muffins, gefettet) legen. Die Muffinform zugedeckt an einen warmen Ort stellen. Den Teig etwa 1 Stunde gehen lassen.

6. Den Backofen kurz vor Ende der Teiggehzeit vorheizen.
Ober-/Unterhitze: etwa 180 °C
Heißluft: etwa 160 °C

7. Die Form auf dem Rost in den vorgeheizten Backofen (mittlere Schiene) schieben. Die Zupfblüten **etwa 35 Minuten backen.**

8. Die Form auf einen Kuchenrost stellen. Die Zupfblüten etwa 15 Minuten abkühlen lassen. Dann aus der Form lösen und warm servieren.

50 Minuten, ohne Abkühlzeit
Teiggeh-/Ruhezeit:
etwa 4 1/2 Stunden
Backzeit: etwa 25 Minuten

Zutaten für 6 Spieße

Pro Spieß:
E: 19 g, F: 37 g, Kh: 72 g, kcal: 723

KÜRBIS-TAPENADE-ZUPFBROT-SPIESSE

FÜR DEN TEIG:
60 g Kürbiskerne
¼ Würfel frische Hefe
375 ml lauwarme Milch
1 Prise Zucker
500 g Weizenmehl (Type 550)
3 EL Kürbiskernöl
½ gest. TL Salz
2 EL Weizenmehl zum Bestäuben
Salz zum Bestreuen

FÜR DIE FÜLLUNG:
200 g abgetropfte, entkernte schwarze Oliven
2 Knoblauchzehen
1 Stängel Rosmarin
80 ml Olivenöl
3 EL Zitronensaft
50 g ger. Parmesan
700 g Hokkaido-Kürbis
3 EL Rapsöl
Salz
gem. Pfeffer

ZUSÄTZLICH:
1 Ausstechform (Ø 6 cm)
6 Holzspieße

1. Für den Teig Kürbiskerne in einer Pfanne ohne Fett bei mittlerer Hitze unter Wenden etwa 2 Minuten rösten. Kürbiskerne abkühlen lassen und grob hacken.

2. Die Hefe in eine Rührschüssel bröseln und mit der warmen Milch verrühren. Zucker und 200 g Mehl unterrühren. Den Teig mit Frischhaltefolie zugedeckt etwa 30 Minuten gehen lassen.

3. Restliches Mehl, Kürbiskernöl, gehackte Kürbiskerne und Salz zum gegangenen Teig geben und mit einem Mixer (Knethaken) zunächst kurz auf niedrigster, dann auf höchster Stufe in etwa 1 Minute zu einem Teig verkneten. Den Teig mit Frischhaltefolie zugedeckt etwa 2 Stunden an einem warmen Ort gehen lassen.

4. Für die Füllung die Oliven in einen Blitzhacker geben. Eine Knoblauchzehe abziehen, grob zerkleinern. Rosmarin abspülen, trocken tupfen und die Nadeln von dem Stängel zupfen, Die Hälfte der Nadeln klein schneiden. Knoblauch, klein geschnittenen Rosmarin, Olivenöl, Zitronensaft und Parmesan zu den Oliven in den Blitzhacker geben und alles zu einem feinen Mus pürieren. Mit Salz würzen.

5. Kürbis halbieren und Kerne entfernen. In 20 Spalten von je 1 cm Dicke schneiden. Zweite Knoblauchzehe abziehen und in feine Scheiben schneiden. Nacheinander 1 Esslöffel Rapsöl, Knoblauchscheiben und übrige Rosmarinnadeln in einer Pfanne erhitzen, Kürbisspalten darin ½ Minute von jeder Seite anbraten. Mit Salz und Pfeffer würzen. Auf einem Teller abkühlen lassen. Kürbisspalten halbieren.

6. Den Teig nochmals verkneten und etwa 5 Minuten ruhen lassen. Anschließend auf einer mit Mehl bestäubten Arbeitsfläche etwa ½ cm dick ausrollen. Aus dem Teig mit der Ausstechform (Ø etwa 6 cm) etwa 40 runde Platten ausstechen. Teigplatten mit je 1 Teelöffel Olivenpüree bestreichen. Jeweils 5 Teigplatten mit Kürbisspalten im Wechsel auf Holzspieße stecken und auf ein Backblech (mit Backpapier belegt) legen. Die Spieße zugedeckt mindestens 2 Stunden an einem warmen Ort gehen lassen.

7. Backofen kurz vor Ende der Teiggehzeit vorheizen.
Ober-/Unterhitze: etwa 180 °C
Heißluft: etwa 160 °C

8. Das Backblech in den vorgeheizten Backofen (mittlere Schiene) schieben. Die Spieße **etwa 25 Minuten backen.** Das Backblech aus dem Backofen nehmen. Die Spieße etwa 5 Minuten abkühlen lassen. Die Spieße warm oder kalt genießen.

50 Minuten
Backzeit: etwa 50 Minuten

Zutaten für 20 Stück

Pro Portion:
E: 8 g, F: 14 g, Kh: 26 g, kcal: 265

KÄSE-PECAN-ZUPFBROT, SCHNELL

FÜR DEN TEIG:
500 g Weizenmehl (Type 550)
1 Pck. Backpulver
25 g Zucker
1 Pck. Vanillin-Zucker
1 Prise Salz
250 g Magerquark
1 Ei (Größe M)
2 EL Tomatenmark
50 ml Vollmilch (3,5 % Fett)
100 ml Rapsöl
1 Prise Salz
50 g geriebener Appenzeller-Käse

2 EL Weizenmehl zum Bestreuen

ZUSÄTZLICH:
125 g Crème double
100 g geriebener Appenzeller-Käse
100 g Pecannusskerne
Fleur de Sel
gem. schwarzer Pfeffer

1. Zwei Backbleche mit Backpapier belegen.
Den Backofen vorheizen.
Ober-/Unterhitze: etwa 180 °C
Heißluft: etwa 160 °C

2. Mehl und Backpulver in eine Rührschüssel geben und trocken vermischen. Die übrigen Teigzutaten zugeben und mit einem Mixer (Knethaken) zunächst kurz auf niedrigster, dann auf höchster Stufe kurz zu einem glatten Teig verkneten.

3. Den Teig und die Arbeitsfläche mit Mehl bestreuen. Den Teig zu einem Quadrat (etwa 40 x 40 cm) ausrollen. Das Quadrat halbieren.

4. Crème double glatt rühren und gleichmäßig darauf verstreichen. Pecannusskerne grob hacken und daraufstreuen. Käse daraufstreuen. Mit der flachen Hand festdrücken.

5. Den Teig in 8 x 10 cm breite Streifen schneiden. Jeden Teigstreifen zu einem Knoten formen und zu einem Kreis auf ein Backblech legen. Mit kaltem Wasser bestreichen. Mit Fleur de Sel und Pfeffer bestreuen.

6. Das Backblech in den vorgeheizten Backofen (mittlere Schiene) schieben. Die Zupfbrote **etwa 25 Minuten goldbraun backen.**

7. Das Backblech auf einen Kuchenrost stellen, Käse-Zupfbrote etwas abkühlen lassen. Auseinandergezupft oder im Ganzen noch warm servieren.

60 Minuten, ohne Abkühlzeit
Ruhe-/Teiggehzeit:
etwa 4 Stunden und 30 Minuten
Backzeit: etwa 25 Minuten

Zutaten für 10 Stück

Pro Stück:
E: 10 g, F: 10 g, Kh: 42 g, kcal: 312

ZUCCHINI-BIER-ZUPFROSEN

FÜR DEN TEIG:

¼ Würfel frische Hefe
375 ml helles Pilsener Bier
1 Prise Zucker
400 g Weizenmehl (Type 550)
150 g Weizenmehl (Type 405)
3 EL Rapsöl
1 ½ gestr. TL Salz
2 EL Weizenmehl zum Bestäuben

FÜR DIE FÜLLUNG:

1 Zucchini (etwa 200 g, für 20 Scheiben)
1 Knoblauchzehe
3 EL Rapsöl
gem. Pfeffer
100 g ger. Parmesan

ZUSÄTZLICH:

1 TL Butter (zimmerwarm) für die Form

1. Für den Teig die Hefe in eine Rührschüssel bröseln. Bier hinzugießen und mit der Hefe gut verrühren. Zucker und 200 g Weizenmehl (Type 550) unterrühren. Die Schüssel mit Frischhaltefolie zudecken und den Vorteig etwa 30 Minuten gehen lassen.

2. Restliches Mehl, Rapsöl und Salz zum Vorteig geben und alles mit einem Mixer (Knethaken) zunächst kurz auf niedrigster, dann auf höchster Stufe in etwa 1 Minute kräftig durchkneten. Den Teig mit Frischhaltefolie zugedeckt etwa 2 Stunden an einem warmen Ort gehen lassen.

3. In der Zwischenzeit für die Füllung Zucchini putzen, abspülen, abtrocknen und die Enden abschneiden. Zucchini längs in etwa 20 dünne Scheiben hobeln und anschließend längs halbieren. Knoblauch abziehen und in Scheiben schneiden. Rapsöl in einer Pfanne erhitzen. Knoblauchscheiben darin anbraten. Zucchinischeiben hinzugeben und von beiden Seiten etwa 1 Minute braten. Mit Salz und Pfeffer würzen. Die gebratenen Zucchinischeiben auf einen großen Teller legen, abkühlen lassen.

4. Den Teig zusammendrücken, mit Mehl bestäuben, aus der Schüssel nehmen und auf der bemehlten Arbeitsfläche kurz ruhen lassen. Dann den Teig zu einem Rechteck (etwa 40 x 50 cm) ausrollen und quer halbieren (etwa 40 x 25 cm). Die Teigrechtecke in etwa 4 x 25 cm breite Streifen schneiden. Die Zucchinischeiben auf den Teigstreifen verteilen und mit Parmesan bestreuen. Die Teigstreifen aufrollen.

5. Ein Backblech mit Backpapier belegen. Jeweils 2 Teigrollen hochkant auf ein Blech setzen und im unteren Bereich zusammendrücken. Mit Salz und Pfeffer bestreuen. Den Teig zugedeckt etwa 2 Stunden an einem warmen Ort gehen lassen.

6. Backofen kurz vor Ende der Teiggehzeit vorheizen.
Ober-/Unterhitze: etwa 180 °C
Heißluft: etwa 160 °C

7. Das Backblech in den vorgeheizten Backofen (mittlere Schiene) schieben. Die Zupfrosen **etwa 25 Minuten goldbraun backen.**

8. Das Backblech auf einen Kuchenrost stellen, die Zupfrosen etwas abkühlen lassen, vom Blech lösen, auf eine Platte legen und warm servieren.

TIPP

Die Zupfrosen mit Knoblauchjoghurt oder kalter Tomatensauce servieren.

40 Minuten, ohne Abkühlzeit
Ruhe-/Gehzeit:
etwa 1 Stunde und 40 Minuten
Backzeit: 20–25 Minuten

12 Stück

Pro Stück:
E: 4 g, F: 16 g, Kh: 21 g, kcal: 245

SCHMALZ-ZUPFBRÖTCHEN

FÜR DEN HEFETEIG:

350 g Dinkelmehl (Type 630)
½ Würfel frische Hefe
150 ml lauwarmes Wasser
1 Prise Zucker
1 gestr. TL Salz
1 Ei (Größe M)
3 EL Sonnenblumenöl
1–2 TL Kümmelsamen

ZUM BESTREICHEN:

150 g Griebenschmalz (zimmerwarm)

1. Für den Teig Mehl in eine Rührschüssel geben und in die Mitte eine Vertiefung eindrücken. Die Hefe hineinbröckeln, mit etwas Wasser und Zucker verrühren und etwa 15 Minuten stehen lassen.

2. Anschließend restliche Zutaten hinzufügen und mit einem Mixer (Knethaken) zunächst kurz auf niedrigster, dann auf höchster Stufe in etwa 5 Minuten zu einem glatten Teig verarbeiten. Den Teig zugedeckt etwa 45 Minuten an einem warmen Ort gehen lassen, bis er sich sichtbar vergrößert hat.

3. Den Teig auf einer leicht bemehlten Arbeitsfläche flach drücken (nicht kneten) und zu einem Rechteck ausrollen (etwa 28 x 60 cm). Die Hälfte der Teigplatte (28 x 30 cm) mit der Hälfte des Schmalzes bestreichen. Die andere Teighälfte daraufklappen, mit der Hälfte des restlichen Schmalzes bestreichen und nochmals zusammenklappen (auf 28 x 15 cm).

4. Dann die Teigplatte zu einem Rechteck ausrollen (48 x 32 cm), mit Frischhaltefolie zudecken und etwa 10 Minuten ruhen lassen.

5. Die Teigplatte halbieren (24 x 32 cm). Eine Hälfte mit dem restlichen Griebenschmalz bestreichen. Die zweite Teigplatte darauflegen. Die Teigplatte in 12 Quadrate (je 8 x 8 cm) schneiden und jedes Teigquadrat leicht gefaltet mit der Schnittkante nach oben in die Mulde einer Muffinform (für 12 Muffins, gefettet) geben.

6. Die Teigbrötchen mit etwas Wasser bestreichen und zugedeckt etwa 30 Minuten an einem warmen Ort gehen lassen, bis sie sich sichtbar vergrößert haben.

7. Den Backofen kurz vor Ende der Teiggehzeit vorheizen.
Ober-/Unterhitze: etwa 200 °C
Heißluft: etwa 180 °C

8. Die Muffinform auf dem Rost in den vorgeheizten Backofen (mittlere Schiene) schieben. Die Brötchen **20–25 Minuten backen.** Die Form auf einen Kuchenrost stellen. Brötchen lauwarm abkühlen lassen, dann aus der Form nehmen und auf einem Kuchenrost vollständig erkalten lassen.

TIPPS

- Die Schmalzbrötchen schmecken frisch besonders gut.
- Sie können die Schmalzbrötchen auch mit vegetarischem Zwiebelschmalz zubereiten.
- Möchten Sie die Brötchen morgens genießen, stellen Sie die fertig gefüllte Muffinform zugedeckt über Nacht in den Kühlschrank. Am nächsten Morgen die Form aus dem Kühlschrank nehmen. Dann den Backofen vorheizen und die Schmalzbrötchen wie unter Punkt 8 beschrieben backen.

50 Minuten, ohne Abkühlzeit
Ruhe-/Teiggehzeit: etwa 6 Stunden
Backzeit: etwa 50 Minuten

Zutaten für 21 Stück

Pro Stück:
E: 4 g, F: 8 g, Kh: 28 g, kcal: 198

APRIKOSEN-ZUPFBROT

FÜR DEN BRIOCHETEIG:

½ Würfel frische Hefe
2 EL warmes Wasser
380 g Weizenmehl (Type 550)
50 g Zucker
1 Prise Salz
4 Eier (Größe M)
175 g Butter (zimmerwarm)

FÜR DIE FÜLLUNG:

300 g Aprikosenkonfitüre
abger. Schale von 1 Bio-Orange (unbehandelt, ungewachst)
1 EL Zucker

FÜR DIE GLASUR UND ZUM BESTREUEN:

4 EL Puderzucker
1 EL Orangensaft
1 TL fein abgeriebene Orangenschale

ZUSÄTZLICH:

1 Bogen Backpapier
etwas Weizenmehl

1. Für den Teig die Hefe in eine Rührschüssel bröseln und mit Wasser verrühren. Mehl, Zucker, Salz, Eier und Butter hinzufügen. Die Zutaten mit einem Mixer (Knethaken) zunächst kurz auf niedrigster, dann auf höchster Stufe in etwa 2 Minuten zu einem glatten Teig verkneten. Der Teig muss sich vom Schüsselrand lösen. Die Rührschüssel mit Frischhaltefolie zugedeckt etwa 3 Stunden an einem warmen Ort gehen lassen.

2. Ein Backblech mit Backpapier belegen. Einen flexiblen Tortenring (Ø 24 cm, Höhe 9 cm) daraufstellen.

3. Den gegangenen Teig mit Mehl bestäuben, aus der Schüssel nehmen und auf einer bemehlten Arbeitsfläche zu einem Rechteck (etwa 39 x 50 cm) ausrollen.

4. Für die Füllung Konfitüre glatt rühren, den Teig damit bestreichen. Geriebene Orangenschale darauf streuen. Den Teig in 3 x 50 cm breite Streifen schneiden. Die Teigstreifen in 3 cm breite Stücke schneiden. Die Teigstücke längs zusammendrücken und hochkant in den Tortenring setzen. Mit Zucker bestreuen. Das Backblech zugedeckt an einen warmen Ort stellen und den Teig etwa 3 Stunden gehen lassen.

5. Den Backofen kurz vor Ende der Gehzeit vorheizen.
Ober-/Unterhitze: etwa 180 °C
Heißluft: etwa 160 °C

6. Das Backblech in den vorgeheizten Backofen (untere Schiene) schieben. Das Zupfbrot **etwa 50 Minuten goldbraun backen.**

7. Das Backblech auf einen Kuchenrost stellen. Das Zupfbrot etwa 15 Minuten abkühlen lassen, dann aus dem Tortenring lösen.

8. Für die Glasur Puderzucker mit Orangensaft verrühren und die Glasur auf dem Brot verteilen. Mit fein geriebener Orangenschale bestreuen. Das Aprikosen-Zupfbrot warm oder kalt servieren.

40 Minuten,
ohne Quell- und Einweichzeit
Ruhezeit: 30 Minuten
Backzeit: etwa 35 Minuten

Zutaten für 30 Stücke

Pro Stück:
E: 4 g, F: 6 g, Kh: 18 g, kcal: 147

SUPERFOOD-ZUPFBROTKRANZ

FÜR DEN TEIG:
400 g Weizenmehl (Type 550)
100 g Buchweizenmehl
100 g Süßlupinenmehl
1 Pck. Backpulver
1 Pck. Bourbon-Vanillezucker
1 Prise Salz
250 g flüssige Kokosmilch
1 Ei (Größe M)
70 g weißer Rohrzucker
2 EL Weizenmehl zum Bestreuen

FÜR DIE FÜLLUNG:
25 g Chiasamen
100 g Mandelmilch
3 EL Ahornsirup
50 g Aroniabeeren
160 g Kokosmilch, cremig
30 g Kokosraspel
30 g Walnusskerne
½ TL gem. Koriandersamen
50 g Heidelbeeren

ZUM BESTREUEN:
30 g Kokoschips

1. Für den Teig die Mehle mit Backpulver, Vanillezucker und Salz in eine Rührschüssel geben und mischen. Die übrigen Teigzutaten dazugeben. Mit einem Mixer (Knethaken) zu einem glatten Teig verkneten. Mit Frischhaltefolie zudecken und etwa 30 Minuten ruhen lassen.

2. Für die Füllung Chiasamen, Mandelmilch und 2 Esslöffel Ahornsirup in einer Rührschüssel verrühren. Etwa 20 Minuten unter gelegentlichem Rühren quellen lassen. Aroniabeeren in 100 ml warmem Wasser etwa 10 Minuten einweichen, in ein Sieb gießen und abtropfen lassen.

3. Kokosmilch mit Kokosraspeln und 1 Esslöffel Ahornsirup verrühren. Etwa 10 Minuten quellen lassen. Die Masse halbieren und unter eine Hälfte die Aroniabeeren mischen. Walnusskerne grob hacken. Mit dem Koriander unter den Chiapudding rühren. Heidelbeeren verlesen, abtropfen lassen und trocken tupfen. Ein Backblech mit Backpapier belegen.

4. Den Backofen vorheizen.
Ober-/Unterhitze: etwa 180 °C
Heißluft: etwa 160 °C

5. Teig und Arbeitsfläche mit Mehl bestreuen und den Teig zu einem Rechteck (50 x 60 cm) ausrollen. In 10 x 10 cm große Quadrate schneiden. Den Teig dünn mit kaltem Wasser bestreichen.

6. Auf 10 Teigquadraten den Chiapudding verteilen. Die Ecken hochnehmen und zu kleinen Säckchen zusammendrücken. Zu einem Halbkreis auf dem mit Backpapier belegten Blech zusammensetzen. 10 weitere Teigquadrate mit Kokos-Aronia-Masse belegen und Säckchen formen. Zu einem Kreis (Ø 26 cm) auf dem Backblech zusammensetzen. Die übrigen Teigquadrate mit der übrigen Kokosmasse belegen. Etwa 3 Heidelbeeren pro Quadrat darauflegen. Die Säckchen formen und in den inneren Kreis setzen. Die Säckchen mit Wasser bestreichen und mit Kokoschips bestreuen.

7. Das Blech in den Backofen (mittlere Schiene) schieben und den Kranz **etwa 35 Minuten goldbraun backen.**

8. Das Backblech auf einen Kuchenrost stellen und den Kranz abkühlen lassen.

50 Minuten, ohne Abkühlzeit
Backzeit: etwa 50 Minuten

Zutaten für 12 Stück

Pro Portion:
E: 7 g, F: 10 g, Kh: 47 g, kcal: 312

BUTTERMILCH-ZUPFBROT MIT HEIDELBEEREN

FÜR DEN TEIG:
1 EL weiche Butter zum Ausfetten
440 g Weizenmehl (Type 550)
¾ Pck. Backpulver
80 g Kristallzucker
1 Pck. Vanillin-Zucker
1 Prise Salz
250 g Buttermilch
1 Ei (Größe M)
80 ml Rapsöl
5 EL Weizenmehl zum Bestreuen

FÜR DIE FÜLLUNG:
125 g Quark (40 % Fett i. Tr.)
50 g Zucker
1 Prise gem. Zimt

ZUSÄTZLICH:
250 g Heidelbeeren
2 EL Zucker
1 EL Puderzucker

1. Den Backofen vorheizen.
Ober-/Unterhitze: etwa 180 °C
Heißluft: etwa 160 °C

2. Eine Kastenform (25 x 11 cm) mit Backpapier auslegen. Heidelbeeren verlesen, abspülen und trocken tupfen.

3. Für den Teig Mehl, Backpulver und Zucker in eine Rührschüssel geben und mischen. Die übrigen Teigzutaten zugeben und mit einem Mixer (Knethaken) zunächst auf niedrigster, dann auf höchster Stufe kurz zu einem glatten Teig verkneten. Teig und Arbeitsfläche mit Mehl bestreuen und den Teig zu einem Rechteck (52 x 40 cm) ausrollen. Den Teig in 4 Steifen (10 x 52 cm) schneiden.

4. Für die Füllung Quark mit Zucker und Zimt glatt verrühren. Gleichmäßig auf die Teigstreifen streichen. Die Teigstreifen in Rechtecke (4 x 10 cm) schneiden.

5. Etwa 5 Teigrechtecke aufeinanderschichten und aufrecht in die Kastenform setzten. Die Hälfte der Teigstücke als untere Schicht einsetzen. Mit 125 g Heidelbeeren und 1 Esslöffel Zucker bestreuen. Die übrigen Teigstücke darauf setzten. Mit den restlichen Heidelbeeren, 1 Esslöffel Zucker und Puderzucker bestreuen.

6. Den Backofen in der Zwischenzeit vorheizen.
Ober-/Unterhitze: etwa 180 °C
Heißluft: etwa 160 °C

7. Die Kastenform in den vorgeheizten Backofen (mittlere Schiene) schieben. Das Zupfbrot **etwa 50 Minuten goldbraun backen.**

8. Die Form auf einen Kuchenrost stellen und das Brot etwa 15 Minuten abkühlen lassen, dann aus der Form lösen. Warm oder kalt servieren.

50 Minuten
Ruhe-/Teiggehzeit:
3 Stunden und 30 Minuten
Backzeit: etwa 40 Minuten

Zutaten für 14 Stück

Pro Stück:
E: 9 g, F: 15 g, Kh: 53 g, kcal: 386

MOHN-ZUPFBROT MIT CRANBERRYS

FÜR DEN HEFETEIG:
½ Würfel frische Hefe
200 ml Milch
50 g Schlagsahne
600 g Weizenmehl (Type 550)
60 g Zucker
2 Eier (Größe M)
80 g Butter (zimmerwarm)

FÜR DIE FÜLLUNG:
250 ml Milch (3,5 % Fett)
1 Pck. backfeste Puddingcreme
1 Pck. Mohn Back (250 g)

50 g Cranberrys

ZUSÄTZLICH:
40 g Weizenmehl
50 g Butter
50 g Schlagsahne
30 g Zucker
1 TL gem. Zimt

1. Für den Teig die Hefe in eine Rührschüssel bröseln. Milch und Sahne handwarm erwärmen, hinzugießen und die Hefe darin auflösen. 400 g vom Mehl und Zucker hinzugeben. Die Zutaten mit einem Mixer (Knethaken) zunächst kurz auf niedrigster, dann auf höchster Stufe in etwa 2 Minuten zu einem glatten Teig verkneten. Zunächst restliches Mehl, dann die Eier und Butter daraufgeben. Die Rührschüssel mit Frischhaltefolie zugedeckt an einen warmen Ort stellen. Den Teig etwa 30 Minuten gehen lassen.

2. Wenn sich deutliche Risse im Mehl zeigen, alles mit dem Mixer (Knethaken) zunächst kurz auf niedrigster, dann auf höchster Stufe in etwa 3 Minuten zu einem elastischen Teig verkneten. Die Schüssel wieder mit Frischhaltefolie zugedeckt an einen warmen Ort stellen. Den Teig etwa 1 Stunde gehen lassen.

3. Für die Füllung Milch und Puddingcremepulver in eine Rührschüssel geben und mit einem Schneebesen verschlagen. Mohn Back unterrühren.

4. Den gegangenen Teig mit Mehl bestäuben, aus der Schüssel nehmen und auf einer mit Mehl bestäubten Arbeitsfläche zu einem Rechteck (etwa 70 x 30 cm) ausrollen. Die Mohnmasse auf den Teig streichen. Die Teigplatte von der langen Seite aus aufrollen und in 7 etwa 10 cm lange Stücke schneiden. Die Teigstücke längs halbieren. 12 Stücke mit der Schnittseite nach oben in eine Obstbodenform (Ø 28 cm, Boden mit Backpapier belegt, Rand mit Butter bestrichen) legen. 2 Rollen zu einem Kreis in die Mitte legen.

5. Cranberrys daraufstreuen. Butter zerlassen, mit der Sahne verrühren und auf dem Teig verteilen. Zucker und Zimt mischen, den Teig damit bestreuen. Die Form zugedeckt an einen warmen Ort stellen. Den Teig etwa 2 Stunden gehen lassen.

6. Den Backofen kurz vor Ende der Teiggehzeit vorheizen.
Ober-/Unterhitze: etwa 180 °C
Heißluft: etwa 160 °C

7. Die Form auf dem Rost in den vorgeheizten Backofen schieben. Das Zupfbrot **etwa 40 Minuten goldbraun backen.**

8. Die Form auf einen Kuchenrost stellen. Das Zupfbrot etwa 10 Minuten abkühlen lassen, dann aus der Form lösen, auf eine Platte legen und warm servieren.

50 Minuten,
ohne Quell- und Abkühlzeit
Ruhe- und Gehzeit: 3 Stunden
Backzeit: etwa 45 Minuten

Zutaten für etwa 36 Stück

Pro Portion:
E: 3 g, F: 5 g, Kh: 19 g, kcal: 134

DAMPFNUDEL-CHIA-ZUPFBROT

10 g Butter (zimmerwarm)

FÜR DEN HEFETEIG:

¼ Würfel frische Hefe
200 ml Milch
60 g Zucker
550 g Mehl (Type 405)
2 Eier (Größe M)
75 ml Rapsöl
50 g Weizenmehl zum Bestreuen

FÜR DIE FÜLLUNG:

250 ml Mandelmilch
100 g Honig
60 g Chiasamen

ZUSÄTZLICH:

50 g Butter
100 ml Milch
125 g rote Johannisbeeren
80 g Zucker

1. Eine 5 cm hohe Auflaufform (25 x 35 cm) mit Butter einstreichen.

2. Für den Teig Hefe und Milch in einer Rührschüssel verrühren. Die übrigen Teigzutaten zugeben und mit einem Mixer (Knethaken) zunächst auf niedrigster, dann auf höchster Stufe etwa 2 Minuten schlagen, bis sich der Teig vom Schüsselrand löst. Die Schüssel mit Frischhaltefolie abdecken und den Teig etwa 1 Stunde gehen lassen.

3. Für die Füllung die Mandelmilch in eine Schüssel gießen. Chiasamen und Honig unterrühren. Den Pudding etwa 20 Minuten unter gelegentlichem Rühren ausquellen lassen, bis er dick wird.

4. Den Teig zu einem Rechteck (etwa 42 x 42 cm) ausrollen. Den Teig in 7 x 7 cm große Quadrate schneiden. Den Chia-Pudding in der Mitte der Quadrate verteilen. Die Ecken der Teigquadrate hochziehen und zusammendrücken. Teigsäckchen in der Auflaufform verteilen.

5. Butter und Milch in einen Topf geben und bei niedriger Hitze darin auflösen. Etwas abkühlen lassen.

6. Johannisbeeren abspülen, abtrocknen und von den Rispen zupfen. Auf den Teig streuen. Mit Milchbutter begießen und mit Zucker bestreuen.

7. Die Auflaufform an einen warmen Ort stellen und den Teig etwa 2 Stunden gehen lassen.

8. Den Backofen kurz vor Ende der Teiggehzeit vorheizen.
Ober-/Unterhitze: etwa 180 °C
Heißluft: etwa 160 °C

9. Die Form auf dem Rost in den vorgeheizten Backofen (mittlere Schiene) schieben. Das Zupfbrot **etwa 45 Minuten goldbraun backen.**

10. Die Auflaufform auf einen Kuchenrost stellen und das Zupfbrot etwa 15 Minuten abkühlen lassen und warm in der Form servieren.

TIPP

Zu dem Dampfnudel-Zupfbrot Vanillesauce selbst zubereiten oder Vanillesauce aus dem Kühlregal verwenden.

60 Minuten
Geh- und Ruhezeit: 6 Stunden
Backzeit: etwa 50 Minuten

Zutaten für etwa 30 Scheiben

Pro Portion:
E: 3 g, F: 10 g, Kh: 18 g, kcal: 176

FRANZ-ZUPFBROT

FÜR DEN HEFETEIG:
20 g frische Hefe
2 EL handwarmes Wasser
500 g Dinkelmehl (Type 630)
90 g Zucker
1 TL Salz
4 Eier (Größe M)
200 g Butter (zimmerwarm)
40 g Dinkelmehl zum Bestreuen

FÜR DIE FÜLLUNG:
120 g Butter (zimmerwarm)
80 g Zucker
2 TL gem. Zimt

ZUSÄTZLICH:
1 Bogen Backpapier

1. Eine Springform (Ø 26 cm) mit Backpapier auslegen.

2. Für den Teig die Hefe in eine Rührschüssel bröseln und mit Wasser verrühren. Die übrigen Teig-Zutaten mit 100 g Butter zugeben und mit einem Mixer (Knethaken) zunächst auf niedrigster, dann auf höchster Stufe etwa 3 Minuten kneten, bis sich der Teig vom Schüsselrand löst. Die Schüssel mit Frischhaltefolie bedecken und den Teig etwa 3 Stunden an einem warmen Ort gehen lassen.

3. Den Teig und die Arbeitsfläche mit Mehl bestreuen und zu einem Rechteck (40 x 25 cm) ausrollen. 100 g weiche Butter darauf verstreichen und so zusammenfalten, dass 3 Teigschichten entstehen. In Frischhaltefolie einwickeln und etwa 1 Stunde in den Kühlschrank legen.

4. Den Teig mit Mehl bestreuen, nochmals auf 40 x 25 cm ausrollen und zu 3 Schichten zusammenfalten. Den Teig auf der Arbeitsfläche mit Frischhaltefolie bedecken und etwa 15 Minuten ruhen lassen. Den Teig zu einem Rechteck (etwa 30 x 60 cm) ausrollen. Den Teig längs in 3 Streifen (10 cm Breite) schneiden.

5. Für die Füllung Butter mit einem Mixer (Rührbesen) etwa 2 Minuten schaumig schlagen. Zucker und Zimt unterrühren. Die Zimtbutter auf den ausgerollten Teig streichen. Am Anfang einen 5 cm breiten Teigstreifen umklappen, dann die Teigstreifen ziehharmonika-ähnlich zu 5 cm breiten Teigstücken zusammenklappen und fächerförmig zu einem Kreis in die Springform legen. Den Teig etwa 3 Stunden an einen warmen Ort gehen lassen.

6. Den Backofen kurz vor Ende der Teiggehzeit vorheizen.
Ober-/Unterhitze: etwa 180 °C
Heißluft: etwa 160 °C

7. Die Form auf dem Rost in den vorgeheizten Backofen (mittlere Schiene) schieben. Das Franzbrot **etwa 50 Minuten goldbraun backen.**

8. Die Form auf einen Kuchenrost stellen und das Brot etwa 15 Minuten abkühlen lassen, dann aus der Form lösen. Warm oder kalt genießen.

60 Minuten, ohne Abkühlzeit
Backzeit: etwa 40 Minuten

Zutaten für etwa 16 Stücke

Pro Portion:
E: 12 g, F: 30 g, Kh: 46 g, kcal: 508

MANDEL-RICOTTA-ZUPFBROT

FÜR DEN TEIG:
500 g Weizenmehl (Type 405)
1 Pck. Backpulver
125 g brauner Rohrzucker
1 Pck. Vanillin-Zucker
1 Prise Salz
250 g Ricotta
1 Ei (Größe M)
150 ml Rapsöl
2 EL Milch
2 EL Weizenmehl zum Bestreuen

FÜR DEN BELAG:
125 g Mandelmus
125 g Sesampaste
130 g weißer Rohrzucker
1 TL gem. Zimt
100 g gehobelte Mandeln

20 g weißer Rohrzucker
100 g gehobelte Mandeln

FÜR DIE KARAMELLCREME:
200 g Schlagsahne
3 EL Karamellsirup

ZUSÄTZLICH:
1 Bogen Backpapier

1. Ein Backblech mit Backpapier belegen. Einen eckigen Backrahmen auf 24 x 24 cm darauf ausziehen.

2. Den Backofen vorheizen.
Ober-/Unterhitze: etwa 180 °C
Heißluft: etwa 160 °C

3. Für den Teig Mehl, Backpulver, Rohrzucker und Vanillin-Zucker in eine Rührschüssel geben und mischen. Die übrigen Teigzutaten zugeben und mit einem Mixer (Knethaken) zunächst kurz auf niedrigster, dann auf höchster Stufe kurz zu einem glatten Teig verkneten.

4. Teig und Arbeitsfläche mit Mehl bestreuen und den Teig zu einem Rechteck (etwa 50 x 39 cm) ausrollen.

5. Mandelmus und Sesampaste mit weißen Rohrzucker und Zimt glatt rühren. Die Paste auf den Teig streichen. Mandelblättchen daraufstreuen.

6. Den Teig in 5 Streifen (je 10 x 39 cm) schneiden. Die Streifen in 3 x 10 cm breite Streifen schneiden. Jeweils 4 Teigstreifen aufeinanderlegen. Die geschichteten Teigstreifen locker in den Backrahmen legen. Dabei 1 Teigschicht hochkant hinlegen, die anliegende Teigschicht flach hineinlegen. Die Streifen mit Zucker und Mandelblättchen bestreuen.

7. Das Backblech in den vorgeheizten Backofen (mittlere Schiene) schieben. Das Zupfbrot **etwa 40 Minuten goldbraun backen.**

8. Das Backblech auf einen Kuchenrost stellen und das Zupfbrot abkühlen lassen.

9. Für die Karamellcreme Sahne halb steif schlagen und mit Karamellsirup verrühren. Zum Zupfbrot servieren.

50 Minuten, ohne Abkühlzeit
Ruhe-/Teiggehzeit: etwa 5 Stunden
Backzeit: etwa 45 Minuten
Mit Alkohol

Zutaten für 14 Stück

Pro Stück:
E: 5,0 g, F: 7,0 g, Kh: 43 g, kcal: 264

APFEL-ZUPFBROT MIT ZIMTBUTTER

FÜR DEN BUTTERMILCHTEIG:

120 g Buttermilch
90 g Zucker
1 Pck. Trockenbackhefe
125 g Weizenmehl (Type 405)
250 g Weizenmehl (Type 550)
2 Eier (Größe M)
100 g Butter (zimmerwarm)
1 Prise Salz

FÜR DIE FÜLLUNG:

2 rotschalige Äpfel (z. B. Elstar)
50 ml Weißwein
½ TL gem. Zimt
40 g Zucker
30 g Korinthen

ZUSÄTZLICH:

50 g Weizenmehl
3 EL Quittengelee
1 EL Zucker

1. Für den Teig die Buttermilch erwärmen und in eine Rührschüssel gießen. Zucker und Trockenbackhefe sorgfältig unterrühren. Weizenmehl (Type 405) hinzugeben und alles mit einem Mixer (Knethaken) zunächst kurz auf niedrigster, dann auf höchster Stufe zu einem glatten Vorteig verrühren. Weizenmehl (Type 550), Eier, Butter und Salz auf den Vorteig geben, aber nicht verrühren. Die Rührschüssel mit Frischhaltefolie bedecken. Den Hefeansatz etwa 1 Stunde an einem warmen Ort gehen lassen, bis das Mehl Risse zeigt.

2. Die Zutaten mit dem Mixer (Knethaken) zunächst kurz auf niedrigster, dann auf höchster Stufe etwa 2 Minuten zu einem elastischen Teig verkneten. Den Teig wie beschrieben weitere etwa 60 Minuten gehen lassen.

3. Den gegangenen Teig aus der Schüssel nehmen und auf eine bemehlte Arbeitsfläche legen.

4. Für die Füllung die Äpfel abspülen, abtrocknen, halbieren, entkernen und mit der Schale in feine Scheiben hobeln oder schneiden und in einen Topf geben. Weißwein, Zimt, Zucker und Korinthen hinzugeben. Alles auf höchster Stufe zum Kochen bringen und etwa 1 Minute kochen lassen. Anschließend die Apfelscheiben in ein Sieb gießen, abtropfen lassen und den Sud dabei auffangen. Apfelscheiben abkühlen lassen.

5. Den Teig mit Mehl bestäuben und zu einem Rechteck (etwa 49 x 30 cm) ausrollen. Apfelscheiben gleichmäßig darauf verteilen. Den Teig von der langen Seite aus aufrollen und in 14 etwa 3 ½ cm lange Stücke schneiden. Die Teigrollen hochkant in einer Springform (Ø 24 cm, mit Backpapier belegt) verteilen. Die Form zugedeckt an einen warmen Ort stellen. Den Teig etwa 3 Stunden gehen lassen. Den aufgefangenen Sud darübergießen.

6. Den Backofen kurz vor Ende der Teiggehzeit vorheizen.
Ober-/Unterhitze: etwa 180 °C
Heißluft: etwa 160 °C

7. Die Form auf dem Rost in den vorgeheizten Backofen (untere Schiene) schieben. Das Zupfbrot **etwa 45 Minuten goldbraun backen.**

8. Die Form auf einen Kuchenrost stellen. Das Zupfbrot etwa 15 Minuten abkühlen lassen, dann aus der Form lösen. Quittengelee in einem Topf zusammen mit dem Zucker etwa 1 Minute kochen, bis der Zucker gelöst ist. Das Zupfbrot damit bestreichen.

40 Minuten, ohne Abkühlzeit
Ruhe-/Teiggehzeit: etwa 4 Stunden
Backzeit: etwa 45 Minuten

Zutaten für 20 Stück

Pro Stück:
E: 1 g, F: 7 g, Kh: 18 g, kcal: 138

BANANEN-LIMETTEN-ZUPFBROT

FÜR DEN HEFETEIG:
125 g Crème double
100 ml warmes Wasser
¼ Würfel frische Hefe
3 Bananen
550 g Weizenmehl (Type 550)
60 g Zucker
1 Pck. Vanillin-Zucker
1 Prise Salz
1 Ei (Größe M)

100 g Butter
etwa 80 g Zucker
2 Bio-Limetten (unbehandelt, ungewachst)
100 g Puderzucker

ZUSÄTZLICH:
etwas Weizenmehl
etwas Butter (zimmerwarm) für die Form

1. Für den Teig Crème double, warmes Wasser und zerbröselte Hefe in eine Rührschüssel geben und mit einem Schneebesen verrühren. Bananen schälen, mit einer Gabel zerdrücken und hinzugeben. Mehl, Zucker, Vanillin-Zucker, Salz und Eier ebenfalls hinzufügen. Die Zutaten mit einem Mixer (Knethaken) zunächst kurz auf niedrigster, dann auf höchster Stufe in etwa 3 Minuten zu einem glatten Teig verkneten. Der Teig muss sich vom Schüsselrand lösen. Die Rührschüssel mit Frischhaltefolie zugedeckt an einen warmen Ort stellen. Den Teig etwa 2 Stunden gehen lassen.

2. Eine Kastenform (35 x 11 cm) mit Backpapier auslegen und den Rand mit Butter ausstreichen.

3. Den gegangenen Teig mit Mehl bestäuben, aus der Schüssel nehmen, Teig halbieren und jeweils auf einer bemehlten Arbeitsfläche zu einer etwa 80 cm langen Rolle formen. Die Rollen zunächst in etwa 4 cm breite Stücke schneiden, dann die Stücke jeweils zu Kugeln formen.

4. Butter in einem kleinen Topf zerlassen. Zucker in einen tiefen Teller geben. Limette heiß abwaschen, abtrocknen und die Schale abreiben. Limette halbieren und den Saft auspressen.

5. Die Kugeln zuerst in Butter tauchen, dann in Zucker wälzen. Die Kugeln in zwei Reihen auf den Boden der vorbereiteten Kastenform legen. Mit geriebener Limettenschale bestreuen. Die restlichen Kugeln in zwei Reihen darauflegen. Die Form zugedeckt an einem warmen Ort etwa 2 Stunden gehen lassen.

6. Backofen kurz vor Ende der Teiggehzeit vorheizen.
Ober-/Unterhitze: etwa 180 °C
Heißluft: etwa 160 °C

7. Die Form auf dem Rost in den vorgeheizten Backofen (untere Schiene) schieben. Das Zupfbrot in **etwa 45 Minuten goldbraun backen.**

8. Die Form auf einen Kuchenrost stellen, das Zupfbrot etwa 30 Minuten abkühlen lassen, dann aus der Form auf eine Platte stürzen.

9. Limettensaft mit Puderzucker zu einem dickflüssigen Guss verrühren. Das Zupfbrot damit überziehen. Das Bananen-Limetten-Zupfbrot warm oder kalt servieren.

TIPP

Mit Kokos- oder Limettencreme servieren.

30 Minuten, ohne Abkühlzeit
Ruhe-/Gehzeit:
etwa 1 Stunde und 40 Minuten
Backzeit: 35–40 Minuten

12 Stücke

Pro Stück:
E: 6 g, F: 10 g, Kh: 40 g, kcal: 267

BUTTERMILCH-ZUPFBROT

FÜR DEN HEFETEIG:
450 g Weizenmehl
½ Würfel frische Hefe
250 g Buttermilch (zimmerwarm)
3 EL Zucker
½ gestr. TL Salz
1 Ei (Größe M)
25 g Butter (zimmerwarm)

FÜR DIE FÜLLUNG:
100 g Butter (zimmerwarm)
150 g Orangenmarmelade
1–2 TL Anissamen

ZUSÄTZLICH:
1 Bogen Backpapier

1. Für den Teig Mehl in eine Rührschüssel geben und in die Mitte eine Vertiefung eindrücken. Hefe hineinbröckeln, mit etwas Buttermilch und Zucker verrühren und etwa 15 Minuten stehen lassen.

2. Anschließend restliche Zutaten hinzufügen und mit einem Mixer (Knethaken) zunächst kurz auf niedrigster, dann auf höchster Stufe in etwa 5 Minuten zu einem glatten Teig verarbeiten. Den Teig zugedeckt etwa 45 Minuten an einem warmen Ort gehen lassen, bis er sich sichtbar vergrößert hat.

3. Für die Füllung Butter, Orangenmarmelade und Anis in eine Schüssel geben und gut verrühren.

4. Den gegangenen Teig leicht mit Mehl bestäuben und auf einer leicht bemehlten Arbeitsfläche zunächst flach drücken (nicht kneten), dann zu einem Rechteck (etwa 35 x 60 cm) ausrollen.

5. Eine Hälfte der Teigplatte (etwa 35 x 30 cm) mit der Hälfte der Butter-Marmeladen-Mischung bestreichen. Die Teigplatte halbieren. Die unbestrichene Teigplatte auf die Marmeladenschicht legen und gleichmäßig mit der restlichen Butter-Marmeladen-Mischung bestreichen.

6. Die Teigplatte in etwa 5 cm breite Streifen schneiden. Diese jeweils ziehharmonikaartig zusammenfalten und mit der Schnittseite nach oben locker in eine Springform (Ø 22 cm, gefettet, Boden mit Backpapier belegt) stellen. Teigoberfläche mit etwas Wasser bestreichen. Den Teig nochmals etwa 40 Minuten an einem warmen Ort gehen lassen, bis er sich sichtbar vergrößert hat.

7. Den Backofen kurz vor Ende der Teiggehzeit vorheizen.
Ober-/Unterhitze: etwa 180 °C
Heißluft: etwa 160 °C

8. Die Form auf dem Rost in den vorgeheizten Backofen (unterste Schiene) schieben. Das Buttermilch-Zupfbrot **35–40 Minuten backen.** Sollte die Oberfläche zu dunkel werden, das Brot mit einem Bogen Backpapier oder Alufolie zudecken.

9. Die Form auf einen Kuchenrost stellen und das Brot etwas abkühlen lassen.

10. Das Brot lauwarm aus der Form nehmen und am besten frisch genießen.

50 Minuten, ohne Abkühlzeit
Ruhe- und Gehzeit:
2 Stunden 50 Minuten
Backzeit: etwa 50 Minuten

Zutaten für 48 Stücke

Pro Stück:
E: 2 g, F: 5 g, Kh: 13 g, kcal: 102

WHITE-CHOCOLAT-VANILLE-ZUPFBROT

FÜR DEN TEIG:

125 g Crème double
200 ml Vollmilch (3,5 % Fettgehalt)
¼ Würfel frische Hefe
2 Eier (Größe M)
1 Prise Salz
70 g Zucker
1 Pck. Bourbon-Vanillezucker
500 g Weizenmehl (Type 405)
1 EL Butter (zimmerwarm) zum Bestreichen

FÜR DIE FÜLLUNG:

100 g weiße Kuvertüre
150 g Butter (zimmerwarm)
2 Pck. Bourbon-Vanillezucker
70 g Zucker
1 EL Puderzucker zum Bestreuen

ZUSÄTZLICH:

1 Springformrand (Ø 28 cm)
1 Bogen Backpapier

1. Für den Teig Crème double, Milch, Hefe und Eier in eine Rührschüssel geben und mit einem Mixer (Rührstäbe) verquirlen. Salz, Zucker und Vanillezucker unterrühren. Das Weizenmehl zugeben und mit einem Mixer (Knethaken) zu einem glatten Teig verkneten. Den Teig 1–2 Minuten schlagen, bis er sich vom Schüsselrand löst. Die Schüssel mit Frischhaltefolie abdecken und den Teig etwa 30 Minuten gehen lassen.

2. Den Teig mit dem Mixer (Knethaken) kurz kneten. Wieder mit Folie bedecken und 30 Minuten gehen lassen. Nach 30 Minuten nochmals kneten.

3. Den Boden der Springform mit Backpapier belegen und den Rand darum feststellen. Den Rand mit weicher Butter bestreichen.

4. Den gegangenen Teig aus der Schüssel nehmen und auf einer bemehlten Arbeitsfläche zu einem Rechteck (etwa 40 x 70 cm) ausrollen. Arbeitsfläche mit Mehl bestreuen.

5. Für die Füllung Kuvertüre in eine Metallschüssel geben und im Wasserbad schmelzen. Weiche Butter in eine Rührschüssel geben und mit einem Mixer (Rührstäbe) 1 Minute schaumig schlagen. Zucker, Vanillezucker und Kuvertüre unterschlagen. Die Schoko-Butter auf den Teig streichen.

6. Die Teigplatte in 4 Streifen (jeweils 10 x 70 cm) schneiden. Die Streifen in 5 cm breite Stücke schneiden. 3–4 Stücke aufwickeln und in die Mitte der Springform stellen. Die übrigen Streifen dachziegelartig darumlegen.

7. Den Teig in der Form nochmals 1 Stunde an einem warmen Ort gehen lassen.

8. Den Backofen kurz vor Ende der Teiggehzeit vorheizen.
Ober-/Unterhitze: etwa 180 °C
Heißluft: etwa 160 °C

9. Die Form auf dem Rost in den vorgeheizten Backofen (untere Schiene) schieben. Das Zupfbrot **etwa 50 Minuten goldbraun backen.**

10. Die Form auf einen Kuchenrost stellen und das Zupfbrot etwa 30 Minuten abkühlen lassen. Das Brot aus der Form lösen und mit Puderzucker bestreuen. Warm oder kalt servieren.

50 Minuten, ohne Abkühlzeit
Ruhe-/Teiggehzeit: etwa 6 Stunden
Backzeit: etwa 50 Minuten

Zutaten für 20 Stück

Pro Stück:
E: 4 g, F: 8 g, Kh: 25 g, kcal: 193

SCHOKOLADEN-ZUPFBROT

FÜR DEN DINKEL-HEFETEIG:

½ Würfel frische Hefe
2 EL warmes Wasser
450 g Dinkelmehl (Type 630)
90 g Zucker
1 Prise Salz
100 g Butter (zimmerwarm)
2 Eier (Größe M)

FÜR DIE FÜLLUNG:

50 g Butter
50 g Raspelschokolade

ZUSÄTZLICH:

1 EL gesiebtes Kakaopulver für den Teig
etwas Dinkelmehl
etwas Butter (zimmerwarm) zum Bestreichen
1 EL Aprikosenkonfitüre
2 EL Honig
1 EL Zucker

1. Für den Hefeteig die Hefe in eine Rührschüssel bröseln und mit Wasser verrühren. Dinkelmehl, Zucker, Salz, Butter und Eier hinzufügen. Die Zutaten mit einem Mixer (Knethaken) zunächst kurz auf niedrigster, dann auf höchster Stufe in etwa 3 Minuten zu einem glatten Teig verkneten. Der Teig muss sich vom Schüsselrand lösen. Die Schüssel mit Frischhaltefolie zugedeckt an einen warmen Ort stellen. Den Teig etwa 4 Stunden gehen lassen.

2. Für die Füllung Butter in einem kleinen Topf zerlassen. Eine Briocheform (Ø 24 cm) mit der Hälfte der zerlassenen Butter ausstreichen.

3. Den gegangenen Teig halbieren. Eine Teighälfte auf die Arbeitsfläche legen. Restlichen Teig mit Kakao verkneten. Beide Teige mit Mehl bestäuben und nebeneinander zu 2 Rechtecken (etwa 50 x 25 cm) ausrollen. Den dunklen Teig mit der restlichen zerlassenen Butter bestreichen. Raspelschokolade daraufstreuen. Den hellen Teig darauflegen und festdrücken.

4. Den Teig in etwa 2 cm breite und etwa 25 cm lange Streifen schneiden. Die Teigstreifen aufrollen. Die Rollen für den Rand oval zusammendrücken und in die Randmulden der vorbereiteten Form legen. Die restlichen Rollen in die Form legen. Dabei mit etwas Butter bestreichen.

5. Die Form zugedeckt an einen warmen Ort stellen. Den Teig nochmals etwa 2 Stunden gehen lassen.

6. Backofen kurz vor Ende der Teiggehzeit vorheizen.
Ober-/Unterhitze: etwa 180 °C
Heißluft: etwa 160 °C

7. Die Form auf dem Rost in den vorgeheizten Backofen (untere Schiene) schieben. Das Zupfbrot **etwa 50 Minuten goldbraun backen.**

8. Die Form auf einen Kuchenrost stellen. Das Zupfbrot etwa 15 Minuten abkühlen lassen, dann aus der Form lösen.

9. Aprikosenkonfitüre, Honig und Zucker in einen Topf geben und unter Rühren aufkochen, bis der Zucker gelöst ist. Das Zupfbrot damit beträufeln.

TIPP

Das Rezept kann auch in einer Springform (Ø 24 cm) zubereitet werden.

50 Minuten
Ruhe-/Teiggehzeit: etwa 7 Stunden
Backzeit: etwa 40 Minuten

Zutaten für 56 Stück

Pro Stück:
E: 3 g, F: 4 g, Kh: 10 g, kcal: 89

SAFRAN-VANILLECREME-ZUPFBROT

FÜR DEN HEFETEIG:
2 Pck. (je 0,1 g) Safranfäden
1 EL Zucker
½ Würfel frische Hefe
2 EL warmes Wasser
125 g Crème fraîche
550 g Weizenmehl (Type 550)
50 g Puderzucker
1 Prise Salz
4 Eier (Größe M)

FÜR DIE FÜLLUNG:
200 g gehobelte Mandeln
250 ml Milch (3,5 % Fett)
1 Pck. backfeste Puddingcreme
70 g Butter
10 g Zucker

ZUSÄTZLICH:
1 Bogen Backpapier

1. Für den Teig Safranfäden und Zucker in einem Mörser fein zerreiben.

2. Die Hefe in eine Rührschüssel bröseln und mit warmem Wasser verrühren. Safranzucker, Crème fraîche, Mehl, Puderzucker, Salz und Eier hinzufügen. Die Zutaten mit einem Mixer (Knethaken) zunächst kurz auf niedrigster, dann auf höchster Stufe in etwa 3 Minuten zu einem glatten Teig verkneten. Der Teig muss sich vom Schüsselrand lösen. Die Rührschüssel mit Frischhaltefolie zugedeckt an einen warmen Ort stellen. Den Teig etwa 3 Stunden gehen lassen. Anschließend den gegangenen Teig nochmals mit dem Mixer (Knethaken) auf höchster Stufe etwa 1 Minute verkneten. Dann den Teig wie beschrieben weitere etwa 1 Stunde gehen lassen.

3. Eine eckige Springform (etwa 24 x 32 cm) oder Form mit herausnehmbaren Boden mit Backpapier auslegen. Das Papier an den Rändern hochlegen.

4. Für die Füllung die Mandeln in einer Pfanne ohne Fett unter Rühren bei mittlerer Hitze bräunen, etwas abkühlen lassen. Die Milch mit Puddingcremepulver nach Packungsanleitung zubereiten.

5. Den gegangenen Teig mit Mehl bestäuben, aus der Schüssel nehmen und auf der bemehlten Arbeitsfläche zu einem Rechteck (etwa 40 x 70 cm) ausrollen. Die Puddingcreme darauf glatt verstreichen. Dann das Teigrechteck in etwa 10 x 10 cm große Quadrate schneiden. Die Quadrate so halbieren, dass Dreiecke entstehen. Dreiecke mit den Mandeln bestreuen. Die langen Seiten der Dreiecke zusammenlegen, einwickeln und in die vorbereitete Form stellen. Die Butter zerlassen, den Teig damit bestreichen und mit Zucker bestreuen. Den Teig zugedeckt nochmals etwa 3 Stunden an einem warmen Ort gehen lassen.

6. Backofen kurz vor Ende der Teiggehzeit vorheizen.
Ober-/Unterhitze: etwa 180 °C
Heißluft: etwa 160 °C

7. Die Form auf dem Rost in den vorgeheizten Backofen (untere Schiene) schieben. Das Zupfbrot **etwa 40 Minuten goldbraun backen.**

8. Die Form auf einen Kuchenrost stellen. Das Zupfbrot etwa 15 Minuten abkühlen lassen, dann aus der Form lösen und warm oder kalt servieren.

TIPPS

- Wer mag, kann zusätzlich Rosinen auf die Vanillecreme streuen.
- Wer diese Form nicht hat, kann auch einen flexiblen eckigen Backrahmen benutzen.

40 Minuten
Geh- und Ruhezeit: 4 Stunden
Backzeit: etwa 40 Minuten

Zutaten für 12 Scheiben

Pro Portion:
E: 11 g, F: 31 g, Kh: 50 g, kcal: 522

NUSS-ZUPFBROT

FÜR DEN HEFETEIG:

125 g Schlagsahne
125 ml warmes Wasser
½ Würfel frische Hefe
550 g Weizenmehl (Type 550)
100 g gemahlene Mandeln
100 g Zucker
2 Pck. Bourbon-Vanillezucker
1 Prise Salz
2 Eier (Größe M)

FÜR DIE FÜLLUNG:

220 g Butter (zimmerwarm)
50 g Zucker
1 TL Kakaopulver
100 g Walnusskerne
1 TL gem. Zimt
20 g gehobelte Mandeln

ZUSÄTZLICH:

1 EL Puderzucker

1. Sahne, warmes Wasser und Hefe in eine Rührschüssel geben und mit einem Schneebesen verrühren. Die übrigen Teigzutaten dazugeben und mit einem Mixer (Knethaken) zunächst auf niedrigster, dann auf höchster Stufe etwa 3 Minuten kneten, bis sich der Teig vom Schüsselrand löst. Die Schüssel mit Frischhaltefolie bedecken und den Teig an einem warmen Ort etwa 2 Stunden gehen lassen.

2. Für die Füllung die Butter in eine angewärmte Rührschüssel füllen und mit einem Mixer (Rührbesen) in 2–3 Minuten schaumig schlagen. Zucker und Kakaopulver unterrühren. Walnusskerne und Zimt in einen Blitzhacker geben und fein mahlen. Die Nuss-Zimt-Mischung unter die Butter rühren.

3. Die Arbeitsfläche und den Teig mit Mehl bestäuben und den Teig zu einem Rechteck (etwa 60 x 40 cm) ausrollen. Die Nussmasse gleichmäßig darauf verstreichen. Den Teig von der kurzen Seite aufrollen. Die Teigrolle diagonal auf einen Bogen Backpapier legen. Mit einer Schere von oben schräg in 12 Scheiben schneiden. (Dabei nur ¾ der Teigrolle einschneiden, sodass sie zusammenhält). Die Teigscheiben im Wechsel zur rechten und linken Seite verschieben. Die Ähre mit kaltem Wasser bestreichen und mit gehobelten Mandeln bestreuen.

4. Das Backpapier mit der Ähre auf ein Backblech ziehen. Die Ähre mindestens 2 Stunden an einem warmen Ort gehen lassen.

5. Den Backofen kurz vor Ende der Teiggehzeit vorheizen.
Ober-/Unterhitze: etwa 180 °C
Heißluft: etwa 160 °C

6. Das Backblech in den vorgeheizten Backofen (mittlere Schiene) schieben. Die Ähre **etwa 40 Minuten goldbraun backen.**

7. Das Backblech auf einen Kuchenrost stellen und abkühlen lassen. Das Zupfbrot vor dem Servieren mit Puderzucker bestreuen.

60 Minuten, ohne Abkühlzeit
Geh- und Ruhezeit:
1 Stunde 50 Minuten
Backzeit: etwa 35 Minuten

Zutaten für 12 Stücke

Pro Portion:
E: 8 g, F: 8 g, Kh: 42 g, kcal: 279

ZUPFBROT MIT MANDEL-PUDDING UND ORANGEN

FÜR DEN TEIG:
¼ Würfel frische Hefe
30 g Zucker
150 g Joghurt (zimmerwarm)
350 g Weizenmehl (Type 550)
1 EL Sonnenblumenöl
20 g Zucker
1 Prise Salz
4 EL Weizenmehl zum Bestreuen

FÜR DIE FÜLLUNG:
100 g gem. Mandeln
1 Pck. Vanillepuddingpulver
500 ml Vollmilch (3,5 % Fett)
50 g Zucker
1 Bio-Orange (unbehandelt, ungewachst)
1 EL Sonnenblumenöl

ZUSÄTZLICH:
1 TL Butter (zimmerwarm)
4 EL Puderzucker
1 EL Orangensaft

1. Für den Teig frische Hefe mit 2 Esslöffeln warmem Wasser in eine Rührschüssel geben und darin auflösen. Joghurt unterrühren. Mehl, Sonnenblumenöl, Zucker und Salz zugeben. Die Zutaten mit einem Mixer (Knethaken) zunächst kurz auf niedrigster, dann auf höchster Stufe etwa 2 Minuten zu einem Teig verkneten, bis sich der Teig vom Schüsselrand löst. Die Schüssel mit Frischhaltefolie bedecken und etwa 1 Stunde an einem warmen Ort gehen lassen.

2. Für die Füllung gemahlene Mandel in einer trockenen Pfanne ohne Fett bei mittlerer Hitze hellbraun rösten. Auf einen Teller geben und etwas abkühlen lassen. Eine Springform (Ø 28 cm Durchmesser) einfetten.

3. Puddingpulver mit 50 ml der kalten Milch verrühren. Übrige Milch in einen Topf gießen, Zucker zugeben und zum Kochen bringen. Orangenschale darüber abreiben. Das angerührte Puddingpulver in die kochende Milch gießen und unter Rühren einmal aufkochen lassen. Die gerösteten Mandeln unterrühren. Den Pudding auf Zimmertemperatur abkühlen lassen. Die Orangenschale abschneiden und die Orange in 6 Scheiben schneiden. Die Orangenscheiben halbieren.

4. Die Arbeitsfläche und den Teig mit Mehl bestreuen. Den Teig zu einem Rechteck (etwa 30 x 60 cm) ausrollen. Den Pudding gleichmäßig darauf verstreichen. Eine Teighälfte überklappen (30 x 30 cm) und etwas andrücken. Die Teigplatte längs halbieren (30 x 15 cm). In 5 x 15 cm breite Streifen schneiden. Die Streifen bis zur Hälfte einschneiden. Auf die ungeschnittene Hälfte der Teigstreifen eine halbe Orangenscheibe legen. Die Teigstreifen mit der Orangenscheibe bis zum Einschnitt aufrollen. An den Rand der Springform stellen. Den unteren, geschnittenen Teigstreifen an die Rolle drücken, den oberen in die Mitte der Form legen. So fortfahren, bis alle 12 Teigrollen in der Form liegen. Den Teig an einem warmen Ort etwa 3 Stunden gehen lassen.

5. Den Backofen kurz vor Ende der Teiggehzeit vorheizen.
Ober-/Unterhitze: etwa 180 °C
Heißluft: etwa 160 °C

6. Die Springform in den vorgeheizten Backofen (mittlere Schiene) schieben. Das Zupfbrot **etwa 35 Minuten goldbraun backen.**

7. Die Springform auf einen Kuchenrost stellen. Das Zupfbrot etwa 30 Minuten abkühlen lassen, dann aus der Form lösen und warm servieren.

8. Puderzucker mit Orangensaft verrühren und die Glasur auf das Zupfbrot streichen.

40 Minuten
Ruhe-/Teiggehzeit: etwa 4 Stunden
Backzeit: etwa 25 Minuten

Zutaten für 14 Stück

Pro Stück:
E: 7 g, F: 17 g, Kh: 45 g, kcal: 363

BRIOCHE-STREUSEL-ROSEN

FÜR DEN TEIG:
¼ Würfel frische Hefe
2 EL warme Milch
500 g Weizenmehl (Type 550)
1 Prise Salz
50 g Zucker
3 Eier (Größe M)
180 g Butter (zimmerwarm)

FÜR DIE STREUSEL:
75 g Butter
150 g Weizenmehl
75 g Zucker
1 TL gem. Zimt

ZUSÄTZLICH:
etwa 50 g Weizenmehl

1. Für den Teig die Hefe in eine Rührschüssel bröseln. Warme Milch hinzugeben und die Hefe mit einer Gabel verrühren. Übrige Teigzutaten zugeben und mit einem Mixer (Knethaken) zunächst kurz auf niedrigster, dann auf höchster Stufe kneten, bis sich der Teig vom Schüsselrand löst. Die Rührschüssel mit Frischhaltefolie zugedeckt etwa 3 Stunden an einem warmen Ort gehen lassen.

2. Für die Streusel die Butter zerlassen. Mehl, Zucker und Zimt in einer Rührschüssel vermischen. Zerlassene Butter hinzugeben. Die Zutaten mit einem Mixer (Knethaken) zu Streuseln von gewünschter Größe verarbeiten.

3. Den gegangenen Teig nochmals etwa 1 Minute mit dem Mixer (Knethaken) kräftig durchschlagen. Dann den Teig mit Mehl bestäuben, aus der Schüssel nehmen, auf eine bemehlte Arbeitsfläche legen und zu einer etwa 56 cm langen Rolle formen. Die Teigrolle in etwa 4 cm breite Stücke schneiden.

4. Die Teigstücke zu je etwa 40 cm langen Rollen formen. Jede Teigrolle mit der Handfläche auf etwa 3 cm Breite auseinanderdrücken.

5. Die flachen Teigrollen aufwickeln und zu Rosen formen. Auf ein Backblech (mit Backpapier belegt) legen. Die Rosen mit etwa 1 cm Abstand zu einem Kranz zusammenlegen. Mit kaltem Wasser bestreichen, mit Streuseln bestreuen und an einem warmen Ort etwa 1 Stunde gehen lassen.

6. Den Backofen kurz vor Ende der Teiggehzeit vorheizen.
Ober-/Unterhitze: etwa 180 °C
Heißluft: etwa 160 °C

7. Das Backblech in den vorgeheizten Backofen schieben. Die Brioche-Streusel-Rosen **etwa 25 Minuten goldbraun backen.**

8. Das Backblech auf einen Kuchenrost stellen. Brioche-Streusel-Rosen abkühlen lassen. Warm oder kalt servieren.

TIPP

Dazu gesüßten Mascarpone und Erdbeerpüree servieren.

60 Minuten, ohne Abkühlzeit
Geh- und Ruhezeit:
1 Stunde 50 Minuten
Backzeit: etwa 25 Minuten

Zutaten für 6 Spieße

Pro Portion:
E: 9 g, F: 32 g, Kh: 68 g, kcal: 613

KIRMES-ZUPFBROT-SPIESSE

FÜR DEN TEIG:
10 g frische Hefe
30 g Zucker
150 g Butter (zimmerwarm)
250 g Weizenmehl (Type 550)
1 Prise Salz

FÜR DIE FÜLLUNG:
75 g Speisequark (20% Fett i. Tr.)
75 g Pflaumenmus
50 g Zucker

350 g grüne Weintrauben

ZUSÄTZLICH:
6 Holzspieße
100 g Schlagsahne
100 g Zartbitter-Kuvertüre
1 EL Nonpareilles (Zuckerperlen)

1. Für den Teig die Hefe mit 130 ml handwarmem Wasser in eine Rührschüssel geben und darin auflösen. Zucker unterrühren. 50 g Butter zerlassen und Mehl und Salz zugeben und mit einem Mixer (Knethaken) zunächst kurz auf niedrigster, dann auf höchster Stufe zu einem elastischen Teig verkneten. In Frischhaltefolie wickeln und etwa 60 Minuten an einen warmen Ort gehen lassen.

2. Die restliche Butter zwischen zwei Gefrierbeutelfolien legen. Die Butter mit der flachen Hand zu einem Quadrat (etwa 25 x 25 cm) flach drücken. Den aufgegangenen Teig auf einer mit Mehl bestreuten Arbeitsfläche zu einem Rechteck (etwa 30 x 30 cm) ausrollen. Das Butterquadrat diagonal auf den Teig legen, sodass die Spitzen auf die Mitte der Teigseiten zeigen. Die Teigecken über die Butter klappen. Den Teigkanten fest zusammendrücken. Den Teig mit Mehl bestreuen und auf 25 x 35 cm ausrollen. Den Teig so einschlagen, dass drei Lagen entstehen. Den Teig in Frischhaltefolie wickeln und etwa 20 Minuten in den Kühlschrank legen.

3. Den Teig zu einem Rechteck (etwa 45 x 25 m) ausrollen. Speisequark, Pflaumenmus und Zucker verrühren. Die Masse auf die Teigplatte streichen. Die Teigplatte in 5 x 5 cm große Quadrate schneiden.

4. Weintrauben abspülen und abtropfen lassen. Von den Stielen zupfen und abwechselnd mit den Teigquadraten auf die Holzspieße aufstecken.

5. Ein Backblech mit Backpapier belegen und die Spieße mit etwas Abstand darauflegen. Die Spieße an einem warmen Ort etwa 30 Minuten gehen lassen.

6. Den Backofen kurz vor Ende der Teiggehzeit vorheizen.
Ober-/Unterhitze: etwa 180 °C
Heißluft: etwa 160 °C

7. Das Backblech in den vorgeheizten Backofen (mittlere Schiene) schieben. Das Zupfbrot **etwa 25 Minuten goldbraun backen.**

8. Das Backblech auf einen Kuchenrost stellen. Kurz abkühlen lassen. Schlagsahne in einen Topf gießen und erhitzen. Die Kuvertüre grob hacken und in der Sahne auflösen. Die Schokoladenglasur auf die Zupfbrote träufeln und die Spieße mit Zuckerperlen bestreuen.

50 Minuten, ohne Abkühlzeit
Ruhe-/Teiggehzeit: etwa 5 Stunden
Backzeit: etwa 35 Minuten

Zutaten für 8 Stück

Pro Stück:
E: 12 g, F: 23 g, Kh: 62 g, kcal: 517

HIMBEER-WICKELBROTE, SÜSS

FÜR DEN HEFETEIG:
½ Würfel frische Hefe
2 EL warme Milch (3,5 % Fett)
340 g Dinkelmehl (Type 630)
80 g Zucker
1 Pck. Vanillin-Zucker
1 Prise Salz
3 Eier (Größe M)
125 g Butter (zimmerwarm)

FÜR DIE FÜLLUNG:
250 g TK-Himbeeren
50 ml Milch (3,5 % Fett)
200 g Marzipan-Rohmasse

ZUSÄTZLICH:
40 g Dinkelmehl
8 Tartelette-Förmchen (Ø 12 cm mit herausnehmbarem Boden)
1 EL Butter (zimmerwarm)
1 EL Puderzucker zum Bestreuen

1. Für den Teig die Hefe in eine Rührschüssel bröseln und mit der warmen Milch verrühren. Dinkelmehl, Zucker, Vanillin-Zucker, Salz, Eier und Butter hinzufügen. Die Zutaten mit einem Mixer (Knethaken) zunächst kurz auf niedrigster, dann auf höchster Stufe in etwa 3 Minuten zu einem glatten Teig verkneten. Der Teig muss sich vom Schüsselrand lösen. Die Rührschüssel mit Frischhaltefolie zugedeckt etwa 1 Stunde an einem warmen Ort gehen lassen. Den gegangenen Teig nochmals etwa 1 Minute mit dem Mixer (Knethaken) verkneten und zugedeckt weitere etwa 1 Stunde gehen lassen. Dann nochmals etwa 1 Minute wie zuvor beschrieben verkneten und zugedeckt nochmals etwa 1 Stunde gehen lassen.

2. Für die Füllung in der Zwischenzeit die Himbeeren nach Packungsanleitung auftauen lassen. Dabei den Saft auffangen. 50 ml von dem Himbeersaft abmessen und in einen hohen Mixbecher geben. Milch hinzugießen. Marzipan-Rohmasse in Würfel schneiden, ebenfalls hinzugeben und alles mit einem Pürierstab fein pürieren.

3. Den gegangenen Teig mit Mehl bestäuben, aus der Schüssel nehmen und auf einer bemehlten Arbeitsfläche zu einer etwa 80 cm langen Rolle formen. Die Teigrolle auf etwa 32 cm Breite ausrollen. Marzipanpüree darauf verstreichen und die Himbeeren darauf verteilen.

4. Den belegten Teig in 4 lange Streifen (je etwa 8 cm) schneiden. Die Streifen der Länge nach in lange Dreiecke halbieren. Teigstreifen von der breiten Seite aus aufrollen und in 8 Tartelette-Förmchen (mit Butter ausgestrichen) stellen. Die Formen auf ein Backblech stellen. Den Teig zugedeckt mindestens etwa 60 Minuten an einem warmen Ort gehen lassen. Dann die Rollen mit einer Schere in Viertel schneiden.

5. Den Backofen kurz vor Ende der Teiggehzeit vorheizen.
Ober-/Unterhitze: etwa 180 °C
Heißluft: etwa 160 °C

6. Das Backblech in den vorgeheizten Backofen (mittlere Schiene) schieben. Die Wickelbrote **etwa 35 Minuten goldbraun backen.**

7. Das Backblech auf einen Kuchenrost stellen, Wickelbrote abkühlen lassen, dann aus den Formen lösen und mit Puderzucker bestreuen. Warm oder kalt servieren.

GEZUPFT UND NICHT GESCHNITTEN

Die Mehrzahl der Zupfbrote wird aus Hefeteig zubereitet. Wunderbar locker und frisch aus dem Ofen ist er mit nichts zu vergleichen! Seine Konsistenz macht ihn sowohl für süßes als auch für herzhaftes Gebäck vielseitig einsetzbar. Viele schrecken dennoch vor der Zubereitung zurück, denn Hefeteig gilt als kompliziert. Wenn Sie einige Besonderheiten beachten, gelingt er bestimmt.

DIE HEFESORTEN

Hefeteig kann sowohl mit frischer Hefe als auch mit Trockenbackkefe hergestellt werden. Ohne lange Gehzeiten lässt er sich mit Hefeteig Garant zubereiten.

Frische Hefe bekommen Sie im Supermarkt im Kühlregal. Achten Sie beim Einkauf unbedingt auf das Haltbarkeitsdatum und bewahren Sie die Hefe im Kühlschrank auf. Übrige frische Hefe kann eingefroren werden. Bei Bedarf entnimmt man die benötigte Menge und verrührt sie direkt mit der im Rezept angegebenen Flüssigkeit.

Trockenbackhefe ist durch Wasserentzug haltbar gemachte Hefe. Trocken und bei Zimmertemperatur gelagert ist sie lange haltbar.

Möchten Sie Hefearten austauschen, können Sie sich normalerweise an den folgenden Regeln orientieren:

- 1 Päckchen frische Hefe oder 1 Päckchen Trockenbackhefe reichen für etwa 500 g Weizenmehl.

Für die Zupfbrote wurden oft geringere Hefemengen verwendet. Dann muss der Hefeteig aber längere Zeit gehen. Längere Gehzeiten und geringere Hefemengen sollen nach neueren Erkenntnissen die Verdaulichkeit des Gebäcks erhöhen.

SONSTIGE ZUTATEN FÜR DEN TEIG

Neben Hefe besteht Hefeteig aus Mehl, Fett, Zucker, lauwarmer Flüssigkeit (nicht wärmer, bei zu hoher Temperatur sterben die Hefepilze ab und der Teig kann nicht aufgehen) und je nach Rezept auch aus Eiern. Alle Backzutaten sollten möglichst zimmerwarm verarbeitet werden, denn nur so können sich die Hefepilze optimal entfalten.

KNET- UND GEHZEITEN

Halten Sie sich unbedingt an die im Rezept angegebenen Knet- und Gehzeiten. Das lange Kneten bewirkt eine besonders gute Verbindung aller Zutaten und macht den Teig schön locker. Der Teig ist ausreichend geknetet, wenn er sich leicht vom Schüsselrand löst. Die meisten Rezepte in diesem Buch können Sie mit einem handelsüblichen Mixer (Knethaken) zubereiten. Für einige Rezepte empfehlen wir den Einsatz einer Küchenmaschine, da das Kneten mit der Hand mit einem hohen Kraftaufwand verbunden wäre und Mixer dabei beschädigt werden könnten. Beachten Sie in jedem Fall die Angaben Ihrer Gerätehersteller, damit die Geräte nicht überhitzen.

Hefeteig, der sich beim Kneten an der Rührschüssel oder an den Knethaken hochschiebt, lässt sich bändigen, indem Sie die Knethaken und/oder den Schüsselrand mit etwas geschmacksneutralem Speiseöl einpinseln.

DER WARME ORT

Lassen Sie Hefeteig stets an einem warmen Ort gehen. Zugluft verträgt er gar nicht. Decken Sie daher den Teig mit einem Geschirrtuch oder mit Frischhaltefolie zu und lassen ihn so lange gehen, bis er sich sichtbar vergrößert hat.

Weitere Möglichkeiten, den Teig gehen zu lassen (gilt für die 1. Gehzeit):

- Im Backofen: Dafür den Ofen auf 50 °C (Ober-/Unterhitze) einschalten. Die Schüssel mit einem Tuch bedeckt so lange in den Ofen stellen, bis sich der Teig sichtbar vergrößert hat. Dabei die Backofentür mit einem Holzlöffelstiel geöffnet halten, damit der Teig nicht zu warm wird.
- Am besten stellt man die mit einem Tuch bedeckte Rührschüssel mit dem Hefeteig in etwa 40 °C heißes Wasser. Der Teig geht sehr schnell auf und man spart so etwa die Hälfte der angegebenen Gehzeit.
- Es geht aber auch in der Nähe zum vorgeheizten Backofen oder auf der Heizung.
- Oder man bringt einen Topf mit Wasser zum Kochen, nimmt diesen vom Herd und stellt die Backform/das Blech mit der zugedeckten Schüssel mit dem Teig darauf.
- Im Kühlschrank über Nacht: Den Hefeteig nicht aus zimmerwarmen, sondern aus kalten Zutaten zubereiten. Dann den Teig in einer ausreichend großen Schüssel mit einem feuchten Geschirrtuch oder mit Frischhaltefolie zugedeckt über Nacht im Kühlschrank gehen lassen.

Nach der ersten Gehzeit wird der Teig wie im Rezept beschrieben nochmals geknetet, anschließend je nach Rezept zum Beispiel ausgerollt oder geformt und nochmals zugedeckt an einem warmen Ort so lange gehen lassen, bis er sich sichtbar vergrößert hat. Anschließend wird er sofort gebacken.

WENN DER HEFETEIG NICHT RICHTIG AUFGEHT, KANN DAS FOLGENDE URSACHEN HABEN:

- Salz und/oder Fett sind mit der Hefe in Berührung gekommen – das hemmt die Gärung.
- Die Frischhefe war nicht mehr ganz frisch.
- Die Temperatur beim Weiterverarbeiten der Hefe war zu gering.

Hefe benötigt für die Verarbeitung Zimmertemperatur (etwa 22 °C), die zugegebene Flüssigkeit muss Körpertemperatur (etwa 37 °C) haben.
Die Zutaten für Hefeteige brauchen Wärme:
Am besten vor dem Zubereiten Flüssigkeit erwärmen. Die Eier in lauwarmes Wasser legen. Alle anderen Zutaten sollten Zimmertemperatur haben. Dafür am besten alle Zutaten etwa 30 Minuten vor der Verarbeitung auf die Arbeitsfläche stellen.

ZUPFBROT AUFBEWAHREN

Gebäck aus Hefeteig schmeckt frisch am allerbesten, kann aber auch sehr gut eingefroren werden. Dazu sollte es so frisch wie möglich und weder mit Zucker bestreut, noch mit Glasuren garniert sein.
Die fertigen Zupfbrote können ausnahmslos eingefroren werden. Zum Auftauen die Zupfbrote etwa 6 Stunden bei Zimmertemperatur auftauen lassen. Dann die großen Gebäcke bei Ober-/Unterhitze etwa 100 °C etwa 40 Minuten aufbacken. Kleine Gebäcke bei der gleichen Temperatur etwa 20 Minuten aufbacken.

TIPPS:

- Wenn die Butter schaumig geschlagen werden soll, die Rührschüssel mit Butterstücken etwa 10 Minuten in heißes Wasser stellen. Wenn die Butter etwas abschmilzt, ist das für die weitere Verarbeitung perfekt.
- Das heikelste Thema bei den salzigen Zupfbroten ist das Salz. Zuviel Salz, und es ist versalzen, zu wenig Salz und es schmeckt fade. Da Teelöffel unterschiedliche Größen haben, sollte man erst vorsichtig salzen, eine kleine Teigprobe kosten, den Salzgehalt des Teiges prüfen und ggf. nachsalzen.
- Wenn Hefeteige mal zäh sind und sich schlecht ausrollen lassen, sollte man sie 4–5 Minuten ruhen und sich entspannen lassen. Dabei den Teig mit Frischhaltefolie zudecken und auf der Arbeitsfläche liegen lassen. Anschließend kann der Teig problemlos ausgerollt werden.

REGISTER

PIKANTE BROTE UND BRÖTCHEN

SÜSSE BROTE UND BRÖTCHEN

Für Fragen, Vorschläge oder Anregungen stehen Ihnen der Verbraucherservice der Dr. Oetker Versuchsküche, Telefon 00800/71727374, Mo–Fr 8:00–18:00 Uhr sowie Sa 9:00–15:00 Uhr zur Verfügung.

Kaiserstraße 14b
D-80801 München

ISBN: 978-3-7670-1748-1
1. Auflage 2017

Projektleitung: Carola Reich
Redaktion: Annette Riesenberg
Korrektorat: Annerose Sieck, Neumünster
Rezeptentwicklung: Hermann Rottmann, Hamburg
Nährwertberechnungen: Angelika Ilies, Langen

Coverfoto: Walter Cimbal, Hamburg
Foodfotografie: Walter Cimbal, Hamburg (S. 5, 7, 9, 11, 13, 17, 19, 23, 25, 27, 29, 31, 33, 35, 37, 39, 41, 43, 45, 49, 51, 53, 55, 57, 59, 61, 63, 65, 69, 71, 73, 75, 77, 79, 81, 83)
Fotostudio Diercks – Thomas Diercks/Kai Boxhammer, Christiane Krüger, Hamburg (S. 15, 21, 47, 67)

Foodstyling: Hermann Rottmann, Hamburg

Artdirektion und Grafikdesign: seidl-design, Stuttgart
Lithografie: Jan Russok
Satz und Layout: MDH Haselhorst, Bielefeld
Herstellung: Frank Jansen
Druck und Bindung: aprinta druck, Wemding

Die Bücher und E-Books unter der Marke Dr. Oetker Verlag erscheinen als Lizenz in der ZS Verlag GmbH.
redaktion-oetker@zsverlag.de

Die ZS Verlag GmbH ist ein Unternehmen der Edel AG, Hamburg.
www.zsverlag.de
www.facebook.de/zs-verlag

Die Autoren haben dieses Buch nach bestem Wissen und Gewissen erarbeitet. Alle Rezepte, Tipps und Ratschläge sind mit Sorgfalt ausgewählt und geprüft.